군주의 조건

현대의 리더가
조선의 군주에게 배우는
33가지 지혜

군주의 조건

김준태

민음사

머리말

    미국 정치 드라마의 고전 「웨스트 윙」에는 이런 장면이 나온다. 전직 대통령의 장례식에 참석하러 가는 비행기 안에서 대통령은 "그분이 거셨던 전화를 잘 받을 걸 그랬어. 나 외에 이런 상황을 겪어 봤고 아는 유일한 사람인데."라고 후회한다.

    리더가 어떤 상황을 마주하는지, 선택의 갈림길에서 어떤 고민을 하는지, 어떤 마음가짐으로 하루하루를 겪고, 또 견뎌 내야 하는지, 그것은 리더 외에는 아무도 알지 못한다. 있다면 먼저 그 리더의 자리를 거쳐 간 사람들뿐. 그들이야말로 유일하게 리더의 상황을 "겪어 봤고 아는" 사람이며, 리더에게 가장 구체적이고 현실적인 가르침을 줄 수 있는 사람이다.

　리더에게 도움이 될 만한 글을 기획하며 조선의 군주들에게 주목했던 것은 이 때문이다. 동시대 리더들에 대해서는 아직 평가를 내리기가 조심스럽다. 대국이 아직 끝나지 않았는데 복기(復碁)를 할 수는 없는 것이다. 따라서 리더로서 내린 선택, 그 선택을 증명하기 위해 펼쳤던 노력, 그리고 그 결과에 대한 객관적인 평가까지 일목요연하게 보여 줄 수 있는 사례가 필요했고, 조선의 군주들이 거기에 부합했다. 특히 조선은 『조선왕조실록』이라는 탁월한 기록을 남겼다. "이 말을 실록에 기록하지 말라."라는 왕의 지시까지 그대로 실록에 옮긴 철저함은 선택의 순간 군주들이 고민했던 흔적을 고스란히 담아낸다. 하나의 문제에 대해 어떤 찬성과 반대가 오갔는지, 그 문제에 대해서 군주는 어떻게 판단했고, 반대하는 사람들을 어떻게 설득했고, 어떤 과정을 거쳐서 결정을 내렸는지가 자세히 기록되어 있다. 눈으로 보는 것처럼 선명한 기록을 통해 군주들이 펼친 리더십의 현장을 확인할 수 있는 것이다.

　조선의 군주들에게서 배워야 할 것이 있다. 철저한 책임감과 치열한 자기 수신이다. 조선의 왕들은 일식(日食)이 일어나면 "어둠이 광명을 가렸다."라고 해서 자신의 부덕함을 공개적으로 사죄했고, 인간의 힘으로는 어찌할 수 없는 천재지변이 닥쳐도 하늘이 내린 꾸짖음이라고 여겨 스스로를 책망했다. 당시의 과학 지식이 현대에 비해서 부족하다고는 하지만, 일식과 천재지변이 자연현상이라는 것도 몰랐을 정도는 아니다. 어쩔 수 없는 일에 대해서도 무한한 책임을 진다는 자세를 보여 주고, 언제 일어날지 모르는 자연현상에 대해서도 반성해야 한다는 심리적 제약을 두어 항상 조심하고 성찰하는 자세를 갖추고자 했던 것이다. 또한 그들은 끊임없이 자신을 수양했다. 군주는 크고 작은 판단을 하루에도 수없이 많이 내려야 하는 자리이고, 그 판단 하나하나는 국가와 백성들의 운명과 직결된다. 따라서 군주가 최선의 판단을 내리기 위해서는 판단의 주체가 되는 자신의 인격과 내적 능력을 완벽에 가까운 수준까지 끌어올려야 했다. 군주들이 강박에 가까울 정도로 엄격한 자기 수양에 매진했던 것은 그 때문이었다.

　군주들은 치열한 자기 수양을 통해 도덕적 평정심을 유지하고자 했다. 군주의 자리, 리더의 자리에서는 도덕적이지 못한 선택을 하게 되는 순간도 있다. 리더에게 선과 악의 경계는 불분명한 경우가 많다. 공동체와 구성원들을 보호하기 위해 때로는 비도덕적인 선택도 주저함 없이 해야 하는 것이 군주이고, 리더이다. 하지만 도덕적 평정심을 갖추고 있는 군주와 그렇지 못한 군주 사이에는 근본적인 차이가 있다. 도덕에 대해 고민하고, 도덕성에 대해 깊이 인식하고 있는 군주는 설령 비도덕적인 행동을 하게 되는 순간이 오더라도 구성원들을 인간적 존엄성을 잃지 않는 방향으로 이끌어 갈 수 있다.

　　죄르지 루카치는 『소설의 이론』에서 "우리가 갈 수 있고, 또 가야만 하는 길의 좌표를 창공의 별을 보며 찾을 수 있는 시대는 얼마나 아름다운가. 그리고 그 별빛이 우리의 앞길을 환히 비춰 주는 시대는 얼마나 행복한가."라고 했다. 조선의 군주들이 현대의 리더들에게 길잡이 역할을 할 수 있을지, 그것은 단언할 수 없다. 과거와 지금의 다른 점을 끄집어내라면 한도 끝도 없기 때문이다. 조선이라는 시대와 오늘날은 분명 다르고, 그 시대의 방식들을 지금 와서 그대로 따르는 것도 옳지 않다. 아무리 배울 점이 많아도 답습은 진보를 이끌어 내지 못한다. 다만 중요한 것은 마음가짐이다. 구성원과 공동체를 위하는 길은 무엇인지에 대한 성찰, 판단, 고뇌, 그리고 고독하게 그 길을 걸어갔던 마음가짐. 리더로서 가져야 할 이 마음가짐들은 예나 지금이나 다르지 않을 것이다. 이 책을 읽는 독자가 여기에 담긴 조선 군주들의 이야기에서 자신이 배울 만한 마음가짐을 찾아낸다면, 그 군주가 바로 독자가 가야 할 길을 비춰 주는 별빛이 될 것이라 믿는다.

　　이 책에는 많은 분들의 도움이 담겼다. 부족한 아들을 언제나 믿고 큰 힘이 되어 주시는 부모님, 삶의 굳건한 버팀목인 가족들에게 감사한다. 잘못된 길을 가지 않도록 공부에서나 인생에서나 지향점이 되어 주시는 은사 최일범 교수님을 스승으로 모신 것은 인생의 큰 행운이었다. 인생의 멘토이자 부족한 책에 추천사를 써 주신 김형오 전 의장님, 저술의 길로 발을 내딛게 해 주신 소설 가 김탁환 선생님과 《이코노미스트》의 남승률 편집장, 박성민 기 자, 도서출판 눌민의 정성원 대표께도 감사드린다. 원고를 쓸 때 마다 귀찮음을 마다하지 않고 성심성의껏 논평해 준 동학 김관우, 김병목 군에게 고맙다는 말을 전하고 싶다. 아울러 이 책은 선행 연구자들로부터 많은 영감을 얻었다. 특히 『조선왕조실록』의 번 역자들께 경의를 표한다. 책에서 인용한 원전 자료들은 직접 번역 한 것이지만, 선행 번역을 참고할 수 없었다면 매우 힘든 작업이 되었을 것이다. 끝으로 빈틈이 많은 원고를 받아 좋은 책으로 탈 바꿈시켜 주신 민음사 편집부에 특히 감사를 드린다. 부족하지만 소중한 시간들이 이 책에 스몄다.

2013년 7월

김준태

1부 수신修身

천하를 경영하려면
자기 자신부터 다스려라

"세상을 태평성대로 만드는 것도 세상을 말세로 만드는 것도
군주 한 사람에게 달려 있다."

— 이이

"임금이 먼저 덕을 보여야
백성들이 보고 느껴 덕을 쌓기 위해 노력하는 법이다."

— 영조

1 자신을 정확하게 파악한다

"옛날의 훌륭한 임금들은 스스로 실천하여 먼저 모범을 보임으로써 백성들을 인도하여 모든 사람을 다 훌륭한 인격자로 만들었다. 나는 덕이 부족하여 만분지일이라도 그렇게 되기를 기대할 수는 없겠지만 그럴 수 있도록 노력하겠다는 다짐만큼은 결코 잊은 적이 없었다. 그래서 법과 제도를 두텁게 하고, 교화를 펴 나가는 도리를 두고 밤낮으로 마음을 쏟았다."[1]

『국조보감』에 나오는 세종의 말이다. 성군(聖君)이라 일컬어지는 세종도 스스로를 부족하다 여기고 수신을 위해 평생 끊임없이 노력했다. 군주가 솔선수범하고 모범적인 행동을 보여야 신하와 백성들에게서 진심 어린 헌신을 이끌어 내고, 군주가 제시하는 방향으로 사람들을 움직일 수 있기 때문이다.

동양에서는 모든 인간이 하늘로부터 똑같이 순수하고 선한 성품을 받아 태어난다고 생각했다. 하지만 각자 가진 기질(氣質)의 차이로 인해서 처음부터 그 성품을 온전하게 발휘하지는 못한다. 때문에 기질의 한계를 극복하여 본성을 빨리 꽃피워 낼 수 있도록 도와주어야 하는데, 군주가 바로 그 역할을 한다고 보았다. 군주를 통치자라는 의미인 '군(君)'과 스승이라는 의미인 '사(師)'를 합쳐 군사라고 불렀던 것도 그래서이다. "한 사람이라도 총명하고 지혜로운 밝은 마음을 갖춘 자가 있어서 자신의 본성을 구현하게 되면 하늘은 반드시 그를 억조창생의 '군사'로 삼아 그로 하여금 백성을 다스리고 가르쳐서 그들의 본성을 회복하게 한다."²라는 주자(朱子)의 선언처럼 군주는 스스로 모범이 되어 구성원들이 올바른 방향으로 나갈 수 있도록 이끌어야 하는 것이다.

군주라고 해서 태어나는 순간부터 완벽하지는 않다. 세습 군주제가 굳어지면서 고대의 이상 사회처럼 '총명하고 뛰어나 자신의 본성을 가장 빠르게 회복하는 사람'이 군주가 되는 것도 아니었다. 자신의 부족한 점과 한계를 극복하여 만백성의 모범이 될 수 있도록 군주에게 치열한 수신이 요청된 까닭이다.

군주가 수신을 하고, 백성들의 모범이 되고자 노력하기 위해서는 먼저 선행되어야 할 것이 있었다. 바로 자신에 대해서 정확하게 파악하는 일이다. 성격이 어떤지, 감정 상태가 어떤지, 자신을 열정적으로 만드는 동인은 무엇인지를 알아야 한다. 그래야 자신을 제어하고 조절하는 방법을 알아서 성격이나 감정의 포로가 되는 일을 막을 수 있다. 분노와 같은 격한 감정조차도 건설적인 원동력으로 전환해 낼 수 있다.

　　자신의 강점과 약점, 장점과 단점을 아는 일도 중요하다. 이것들이 평소에 어떠한 상황에서 어떠한 모습으로 표출되는지, 업무를 수행할 때 어떠한지, 타인에게 어떤 식으로 영향을 미치는지를 면밀하게 살펴야 한다. 강점을 더욱 강화하고 약점을 보완하며, 장점은 더욱 살리고 단점을 극복하기 위해서이다. 사신의 약점과 단점을 정확하게 아는 사람은 솔직해진다. 자신의 판단만 고집하지 않고 다른 사람의 의견에 귀 기울이면서 최선의 선택을 하려고 노력하기 때문에 더 나은 발전을 가져올 수 있다.

　　자기 자신을 정확하게 파악하려고 애쓰는 것은 스스로를 객관화하는 눈을 기르는 과정이다. 군주는 수많은 신하와 백성, 국가 공동체 전체와 끊임없이 상호작용을 해야 하는 자리이다. 그러므로 군주가 주관적이고 편견과 선입견이 강하면 구성원들과 공감할 수 없고, 국가를 위한 객관적인 판단을 내릴 수 없다. 군주의 생각이 구성원들의 그것과 융화를 이루고, 군주가 제시하는 방향이 국가 공동체의 방향성과 합치되려면 군주는 자신을 최대한 객관화해 '중용'의 결정을 내릴 수 있는 지점을 찾아야 한다.

군주는 다른 사람들의 능력과 공동체의 역량을 끊임없이 점검해야 하는 자리이다. 군주가 스스로를 정확히 파악하여 객관화할 수 있다면 다른 사람들의 능력과 공동체의 역량 역시 더없이 객관적으로 평가하여 가장 효과적이고 적확하게 활용하는 방법을 찾아낼 수 있을 것이다.

2 　끝없이 배우고 수양에 힘쓴다

　　"전하께서는 예전부터 독서를 좋아하셨으며, 보위에 오르신 후에도 날마다 배우고 토론하기를 부지런히 하셨으니 이치를 파고들고 마음을 바로 하는〔窮理正心〕학문과 수기치인(修己治人)의 방법에 대해서는 진실로 이미 다 잘 아실 것이옵니다. 신들의 견문이 좁고 우매하니 어찌 전하의 학문을 감히 헤아리겠나이까. 하지만 전하께서 경연(經筵)을 설치하고도 한갓 그 이름만 형식적으로 존재할 뿐, 경연에서 익히고 토론하셨다는 말은 듣지 못하였습니다. 아마도 전하께서는 어디에서든 학문을 닦을 수 있는 것인데 굳이 일정한 규칙에 구속되어 반드시 경연에 나가야만 학문을 한다고 말할 수 있느냐고 반문하실 것입니다. 신등이 생각하기를 군주의 학문은 한갓 외우고 해석하는 데 있는 것이 아닙니다. 매일 경연에 나아가 어진 선비들을 만남으로써 덕성(德性)을 배양할 수 있고, 나태함에서 벗어날 수 있기 때문입니다."[3]

태조가 경연에 나가 학문 익히기를 게을리하자 신하들이 올린 상소문이다. 이렇듯 군주에게는 끊임없는 배움이 강조되었다. 특히 꾸준히 학문에 힘써서 자신의 부족함을 보완하려는 마음가짐 자체와 그를 통한 성찰 행위를 중요하게 여겼다. 율곡 이이는 임금이 학문을 닦아야 하는 이유를 다음과 같이 설명한다.

"군주는 임금이면서 스승의 지위를 겸하고 있습니다. 백성을 가르치고 양육해야 하는 임무가 있으며, 온 나라의 표준이 되니 그 책임이 얼마나 무겁겠습니까. 군주가 한번 생각을 잘못하면 정치에 해를 끼치고, 한마디 말을 실수하면 일을 망쳐 버립니다. 도에 뜻을 두고 도를 따라 행동함으로써 세상을 태평성대로 만드는 것도 군주 한 사람에게 달려 있고, 욕심에 뜻을 두고 욕심에 따라 행동함으로써 세상을 말세로 만드는 것도 군주 자신에게 달려 있습니다. 그러니 임금은 더욱 뜻이 향하는 바를 삼가고 조심하지 않으면 안 됩니다."[4]

군주의 행동과 결정 하나하나는 모두 국가와 구성원들에게 직접적으로 영향을 미친다. 그러므로 군주는 한순간의 방심도, 사소한 실수도 조심해야 하며 자신을 수양하기 위해 끝없이 노력해야 한다.

군주의 수양 공부에는 존덕성과 도문학(尊德性而道問學)의 두 가지 측면이 강조됐다. 이 중 '존덕성'은 내면의 도덕성을 배양하고 반성과 성찰을 생활화하는 것으로, 마음을 보편적이고 객관적인 방향으로 이끌어 가기 위한 공부이다. 주관적인 마음을 객관화함으로써 구성원들의 생각과 욕구를 포용하고, 구성원들과 공감할 수 있는 소통의 장을 만들 수가 있다.

'도문학'은 군주의 지적 역량을 강화하는 것이다. 여기서 말하는 역량이란 일반인의 그것과 같지는 않다. 군주가 기술적인 능력을 배양하거나 특정 영역에 대한 전문 지식을 공부할 필요는 없기 때문이다. "제왕의 학문은 장구나 문자 사이에 있는 것이 아니라 깊이 파고들어서 스스로 터득하는 것을 귀하게 여긴다."[5]라는 말처럼, 군주에게 중요한 것은 깊이 있는 안목과 올바른 판단력이다. 어떻게 하면 상황의 본질을 이해하고 일의 운용 원리를 깨달으며 변화의 양상을 예측해 낼 수 있을지, 어떻게 하면 구성원과 공동체의 실익을 보호하면서 이상과 원칙을 지켜 내는 선택을 할 수 있을지가 문제인 것이다. 도문학은 이것을 충족하기 위한 공부 방법이다.

이이는 여기에 대해 다음과 같이 부연했다. "군주는 하루에도 세상의 온갖 일을 접하게 됩니다. 이때 만난 사건 하나하나마다 반드시 당연한 이치를 추구하여야 합니다. 잘못된 것을 버리고, 옳은 것을 행하며, 의리를 강론하고 선을 찾아야 합니다. 이것이 바로 임금이 '이치를 궁리한다.'라는 것입니다."[6] 요컨대 도문학이란 일 속에 담겨 있는 이치를 파고들어 그 원리를 깨닫는 것이다. 겉으로 드러나 있는 현상적인 지식이 아니라 본질적이고 본체적인 지식을 깨칠 때 세상이 변화하는 흐름을 읽어 낼 수 있는 안목과 다양한 일에 대응하는 힘을 가질 수 있다.

이러한 '존덕성과 도문학' 공부는 원래 『중용』에 나오는 말이다. "군자는 덕을 높이고 학문을 닦는다. 넓고 큰 것을 파고들면서도 정밀하고 미세한 것들도 남김없이 파악하고, 높고 밝은 경지를 추구하면서도 중용의 길을 걷는다. 옛것을 익히면서 새것을 알고, 예를 숭상함으로써 돈후함을 견지한다."라는 대목이 그것이다. 요컨대 존덕성과 도문학은 내면과 외면을 함께 수양하는 공부이고, 배움과 실천을 병행하는 노력이며, 조화와 균형을 함께 이루어 내기 위한 실천인 것이다.

"하자면 끝이 없는 것이 학업이고, 쌓자면 한이 없는 것이 덕이다. 그대들은 자신에게 너그러워지지 말고, 한 치 한 푼이라도 오르고 또 올라 마치 100리 길을 가려는 사람이 90리를 절반으로 여기듯이 하라. 그렇게 하면 비록 자만하고 싶어도 자만할 수 없으리라."[7] 정조가 남긴 말이다. 덕을 쌓고 학업을 행하는 것, 즉 '존덕성'과 '도문학'의 공부는 끝이 없는 여정이다. 어느 정도 완성이 되었다고 멈추어서는 안 된다. 태산의 정상 위에 올라서 다시 또 다른 태산을 찾아 오르듯 만족하지 않고 꾸준히 수양에 힘써야 군주다운 능력과 자세를 갖출 수 있다.

3   수시로 반성하고
철저히 점검한다

 "하늘과 사람은 서로 그 기운이 통해 있어서 빈틈이 없으므로 아래 세상에서 정치가 잘못 이루어지면 위에서 꾸지람을 내려준다고 한다. 천재지변이 일어나는 것도 결국 사람으로 말미암아 생기는 것이니 하늘의 경고가 어찌 두렵지 않겠는가. 덕이 부족한 내가 왕위에 올라 밤낮으로 마음을 다해 올바로 다스리고자 노력하였으나 내가 모든 일을 다 잘 알아서 처리할 수는 없었다. 그간 잘못이 없지 않았을 것이다. 요즘 들어 때아닌 우레와 비가 내리고 천문에 이상한 조짐이 일어났으며 이달 22일에는 수창궁에 화재가 났다. 나의 허물이 이런 지경에 이르렀으니 통렬히 나 자신을 책망한다."[8]

1400년, 10월 한 달 동안 연일 우박이 내리고 우레와 번개가 쳤다. 그러다 12월 22일에는 수창궁에 화재가 나서 왕의 침실과 집무실을 태우니, 자신의 잘못에 대한 하늘의 경고라고 생각한 정종은 자책(自責) 교서를 발표했다.

조선의 군주들은 지진, 가뭄이나 수해 같은 천재지변뿐만 아니라 장마, 우박, 천둥과 번개, 일식과 월식, 유성 같은 자연현상이 일어나도 잘못을 반성하는 교지를 내렸다. 군주의 잘못을 지적하고, 정치를 비판하거나 정책을 개선하는 데 의견이 있다면 신분고하를 막론하고 누구나 자유롭게 이야기하라는 '구언(求言)'도 시행되었다.

당시에도 자연재해가 인간이 어쩔 수 없는 부득이한 사건이라는 점을 몰랐던 것은 아니다. 다만 인간과 하늘의 기운은 서로 연결되어 있어서 인간 세계의 기운이 조화롭지 못하고 불안정하면 하늘의 기운도 변동을 일으켜 천재지변이 생긴다는 '천인감응(天人感應)'의 사고방식이 있었고, 이 천인감응설이 군주로 하여금 자연현상조차 자신을 되돌아보는 계기로 삼아야 한다는 엄격한 책임 의식을 부과했다.

아무리 능력이 뛰어나고 훌륭한 리더도 실수를 할 때가 있고 판단을 잘못 내리는 경우가 있기 마련이다. 더욱이 재임 기간이 길어지고 업무 영역이 확장되다 보면 궤도에서 벗어날 위험은 점점 커진다. 훌륭한 리더는 궤도에서 이탈하더라도 신속히 상황을 파악하고 다시 올바른 방향을 잡는데, 이때 반성 능력은 중요한 힘이 된다.

길을 잘못 들었거나 위기 상황이 아닌 경우에는 반성을 하기가 쉽지 않다. 모든 일이 다 잘 이루어지고 있는 것처럼 보이고 조직이 번영을 누리고 있다고 여겨질 때에 자신의 문제점과 실수를 찾아낸다는 것은 매우 어려운 일이다. 이 경우 리더의 대부분은 자신이 모든 것을 다 잘하고 있기 때문이라고 착각한다. 단지 드러나지 않을 뿐 분명 실수가 있고 비판받을 만한 일을 했을 텐데도 말이다. 이러한 리더의 오만을 방치해 두면 조직은 곧 위기를 맞게 된다.

그러므로 리더는 때때로 한 걸음 뒤로 물러서서 자신이 일을 제대로 하고 있는지 점검할 필요가 있다. 일이 벌어지는 상황 한가운데에 있으면 내가 일을 잘하고 있는지 잘못하고 있는지 판단하기가 어렵다. 그저 자신을 합리화하는 방향으로 나아가기 쉽다. 따라서 한 발 떨어져 객관적으로 살펴보고, 발견되는 문제점과 보완 과제들을 확인한 후 이를 어떻게 잘 처리해 나갈지 모색하는 시간을 가져야 한다.

조금이라도 괴이한 자연현상이 발생하면 임금이 자기 자

신을 되돌아보며 반성하도록 한 것도 같은 맥락에서 이해할 수 있다. 천둥, 번개, 우박, 유성 등은 당시 과학기술로는 언제 일어날지 예측하기 힘든 자연현상이다. 이러한 현상에 대해서도 임금의 반성을 의무화함으로써 군주가 불시에 자신을 성찰하고 점검하는 계기를 마련한 것이다. 이는 군주로 하여금 잠시라도 마음을 놓거나 나태하지 않게 하는 효과가 있었다.

1427년 가뭄이 들자 세종은 자신을 통렬히 꾸짖는 교서를 내렸다. "이는 분명히 형벌이 바르게 집행되지 못하여 죄 있는 자가 잘못하여 용서를 받고 무고한 자가 도리어 화를 입어서일 것이다. 쓸 사람과 버릴 사람이 바뀌었고, 충성스럽고 바른 말을 하는 이가 홀대받고, 아랫사람의 사정이 윗사람에게 통하지 못해서일 것이다. 법령이 어지럽게 변경되어 관리들이 이를 지키기가 어려우며, 미처 보지 못하고 미처 듣지 못한 중에 여러 고을과 수많은 백성들이 고르지 못한 부역으로 괴로움을 받아서일 것이다. 번다한 세금으로 인해 쪼들려서 원망과 한탄이 일어났으니, 평화로운 삶을 살지 못하게 된 이들이 얼마나 많을지 헤아릴 수 없다. 이는 모두 과인의 부덕함에서 비롯된 것이니, 내가 반성하며 스스로를 자책하기를 그만둘 수가 없다."[9]

영조도 천둥이 쳤다는 보고를 받고 다음과 같은 교서를 내렸다. "하늘이 경고하는 뜻을 보이시니, 어찌하여 발생한 것인가.

그 이유를 따져 보니 잘못이 실로 과인에게 있다. 나 자신을 수양하는 일에 미진한 점은 없었는가. 마음을 비우고 간언을 받아들임에 있어서 부족한 점은 없었는가. 나 자신을 위해 사치한 적은 없었는가. 신하들을 대할 때 성실하지 못한 점은 없었는가. 어진 이가 재야에 있는데 찾아내지 못해 등용하지 못하고 있는 것은 아닌가. 곤궁한 백성이 억울한 일을 당했는데 나라에 알리지 못하고 있지는 않았는가. 조정의 기강이 고르지 못하여 천기(天氣)를 손상하지는 않았는가. 공정한 논의는 가려져 있고, 사사로운 논의들이 멋대로 행해지고 있지는 않았는가."[10]

교서에 나온 대로 두 군주가 과오를 저질렀는지 구체적으로 확인할 길은 없다. 적어도 실록은 그러한 일이 없었다고 말하고 있다. 평소 두 군주가 정치를 하는 모습과 태도를 봐도 아마 그런 일은 없었을 것이다. 하지만 세종과 영조는 처음부터 자신의 과오를 기정사실화하고 반성을 한다. 자신이 보지 못했고 듣지 못했다 해도, 일을 그르쳤을 가능성이 단 1퍼센트라도 있다면 그것을 막지 못한 임금의 잘못이라는 것이다.

이처럼 조선의 군주들은 인간의 힘으로 어쩔 수 없는 불가항력적인 상황이나 일어날 가능성이 아주 적은 일들에 대해서까지도 반성하는 모습을 보여 주었다. 철저한 반성의 과정을 통해 미리 조심하고 대비하면서 완벽을 기하겠다는 것이었다. 마찬가

지로 정치와 정책에 대해서도 무한한 책임을 진다는 의지를 보였
다. 군주의 판단과 결정은 순간일지라도 그에 대한 책임은 영원하
기 때문이다.

4 한마디 말도
소홀히 여기지 않는다

리더의 말 한마디는 단순한 한마디가 아니다. 그것은 조직을 번영하게 하는 기초가 되기도 하고, 조직을 위험에 빠트리는 신호탄이 되기도 한다. 리더의 말 한마디에 구성원들이 감동을 받아 열정적으로 움직이고, 리더의 말 한마디에 절망에 빠져 체념하기도 한다. 그래서 옛말에 "한마디 말로 나라를 흥하게 만들 수 있고, 한마디 말로 나라를 망하게 만들 수도 있다."라고 한 것이다.

정말 리더의 한마디가 그런 위력을 가지고 있을까? 『논어』의 「자로(子路)」편에 보면 이 문제를 두고 정공(定公)과 공자가 대화를 하는 장면이 나온다. 공자는 말 한마디만 가지고 나라의 흥망을 좌우할 수는 없다고 보았다. 다만 공자는 그 '한마디 말'을 하고 듣는 군주의 마음가짐에 주목한다. 군주가 말 한마디를 소중히 여기고 말 한마디가 미칠 수 있는 영향을 두려워할 줄 알면, 자연 모든 일에 조심하면서 사소한 일 하나라도 정성을 다하게 된다. 그러다 보면 나라도 자연스레 번영하게 된다는 것이 공자의 생각이다. 반대로, 군주가 도리에 어긋나는 말을 하면서도 그 말이 절대적으로 옳다고 여겨 반론을 허용하지 않는다면 그것이야말로 나라를 망하게 하는 지름길이 될 것이다.

단종은 경연 석상에서 이 문제에 관해 질문했다. "한마디 말이 나라를 흥하게도 하고 망하게도 할 수 있는 까닭은 무엇인가?" 그러자 당시 시강관(侍講官)이었던 박팽년이 다음과 같이 대답한다. "한마디 말로 인해서 곧바로 나라가 흥하거나 망하게 될 수는 없습니다. 하지만 흥하고 망하게 되는 근본은 바로 여기에 있습니다. 그런데 한마디 말로 나라를 흥하게 하는 것은 효과가 늦게 나타나고 한마디 말로 나라를 망하게 하는 것은 속도가 빠른 법이니, 전하께서는 특히 이 점을 유의하셔야 합니다. 가령 임금이 바른 말을 즐겨 들을 줄 알면 허물에 대한 비판도 반드시 듣게 될 것이니 임금이 펼치는 정치와 언행이 모두 이치에 부합하게 됩니다. 그러나 임금이 오로지 자기의 말대로만 하게 하고 다른 사람들이 절대 이를 어기지 못하도록 한다면 아첨하는 무리들은 거짓된 미사여구로 임금의 마음을 어지럽힐 것이니, 정치에 있어 잘못된 점과 인재를 등용할 때 실수한 것에 대한 비판을 모두 들을 수가 없게 됩니다. 그렇게 되면 나라가 위태로운 지경에 빠져도 임금이 알지 못할 것이니, 이것이 곧 한마디 말로 나라를 망하게 하는 것이 아니겠습니까?"[11]

　　연산군 시절 신하들이 연산군의 전횡을 비판한 상소에서도 이 같은 대목이 언급됐다. "임금이 바른 말 듣기를 즐겨 하는 것이 국가가 편안하게 되는 근본입니다. 공자께서 '한마디 말로써 나라를 흥하게 할 수 있다.'라고 하신 것은 바로 이를 두고 한 말입니다."[12] "임금 노릇 하기가 어려운 것임을 안다면 반드시 공경하고 조심하여 그 자리를 지켜 내게 될 것이나, 임금의 말을 거스르지 말라고 하게 되면 모함하고 아첨하는 이들이 득세할 것입니다. 이런 말 때문에 나라가 당장 번영하거나 멸망하는 것은 아니지만 그 갈림길은 여기에서 시작되는 것입니다. 전하께서 지금 계신 그 자리는 선대왕들께서 물려주신 것입니다. 선대왕들께서 하늘의 뜻을 받들고 백성들의 마음을 얻어 전하께 대업을 전해 주시면서 고단한 책임도 함께 남기셨습니다. 소신들은 잘 모르겠습니다만, 전하께서는 그 자리를 어렵다고 여기십니까? 아니면 쉽다고 여기십니까? 쉽게 여기는지 어렵다고 여기는지에 따라서 성인(聖人)이 될지, 광인(狂人)이 될지의 기미가 보이는 것이니 이 얼마나 두려운 일이옵니까? 전하께서는 사사롭게 베풀고 계신 은혜를 진정 옳다고 여기십니까? 그르다 여기십니까? 옳다 하고 그르다 하는 데에서 나라가 번영하고 위태로워질 조짐이 비롯되오니 참으로 경계하여야 할 일이 아니겠습니까?"[13]

군주는 자신의 자리가 갖는 무게와 책임을 절실히 느끼고, 두려운 마음으로 매사에 조심하여 작은 일도 소홀히 하지 말아야 한다. 그 과정에서 말 한마디를 하는 것도, 듣는 것도 신중해야 하는 것이다. 『논어』는 군주가 말 한마디라도 "제멋대로 하지 않고, 장담하지 않으며, 고집을 부리지 않고, 자신의 말만이 옳다고 절대화해서는 안 된다."라고 말한다.[14]

또한 군주는 자신에게 항하는 충언과 고언은 작은 것이라도 내치지 않고 열린 마음으로 받아들이는 자세가 필요하다. 단한마디의 말이라도 이러한 마음가짐으로 하고 들을 때 이것이 확산되어 모든 일을 다 잘 해낼 수 있고, 결국 국가도 번영하게 되는 것이다. 반대로 그저 한마디 말일 뿐이라고 가벼이 여겨 경청하지 않거나 자신의 생각만 고집한다면 이것이 확대되어 다른 일들도 어그러질 것이고 나아가 국가가 위태로운 지경에 빠질 것이다.

한번은 중종이 절차를 따르지 않고 관직을 올려 준 적이 있었다. 신하들이 이를 비판하자 중종은 "신하가 매우 뛰어난 힘과 세상에 드높여질 지혜가 있더라도 왕의 뜻을 받드는 데 열심히 힘써야 한다."라고 말했다. 자신의 결정에 토를 달지 말고 지시를 이행하는 일에만 신경을 쓰라는 것이었다.

그러자 곧바로 상소가 올라왔다. "군주가 잘못하는 것이 있다면 거듭 주장하여 군주를 허물이 없는 곳으로 인도하는 것이 신하 된 자의 직분입니다. 이를 위해 군주가 내린 조서를 불사르고, 군주의 글을 받들지 않고 그대로 되돌려 보낸 경우도 있었으니, 어찌 군주의 뜻을 받드는 것만을 옳다고 여겨 어김이 없겠나이까. 전하께서 늘 신하들이 전하의 명령에 다른 의견을 내는 것을 싫어하시더니, 이제는 이런 분부까지 내리셨습니다. 장차 신하들로 하여금 전하의 뜻에 무조건 순종하기만을 바라는 것이옵니까? 이는 공자께서 말씀하신 '말 한마디로 나라를 잃는다.'라는 것이옵니다. 전하께서는 어찌 나라를 잃게 하는 말을 가벼이 하시옵니까? 일찍이 당 태종은 '임금이 이치에 벗어나는 말 한마디를 하면 만백성이 흩어진다.'라고 하였는데, 지금 전하께서는 잘못된 결정을 집행하시고자 대간의 말을 따르지 않고 주변의 충언을 어기며 대신들의 의논을 소홀히 여기고 계십니다. 심지어 이치에 벗어난 말을 하셔서 신하들의 소망을 막아 버리시니, 이는 매우 중대한 일이옵니다."[15]

명종 대의 참찬관(參贊官) 민기는 이 문제에 대해 "군주의 말과 결정에 하나라도 잘못이 있었을 때 이것이 별다른 해로움이 없는 사소한 일처럼 보여도 조정에서 반드시 힘써 직언하고 충고하여 바로잡고자 하는 것은, 군주의 작은 잘못 하나가 천만인의 실망을 불러일으키기 때문이다. 사람들의 마음을 감동시켜 움직이게 하는 단초는 임금이 일 하나, 정사 하나를 지극히 공정하게 처리하는 데에 달려 있다."라고 설명을 덧붙인다.[16]

훌륭한 리더십은 거창한 데서 나오는 것이 아니다. 이처럼 말 한마디를 소홀히 하지 않고 신중하게 듣고 행하며, 그것을 지키고자 최선을 다해 노력할 때 이루어진다. 정조의 말을 새겨들을 필요가 있다. "바둑을 잘 두는 사람은 바둑 한 수에 승패를 다투고, 작전을 잘 세우는 사람은 계책 하나로 승패를 가늠한다. 능력이 뛰어난 사람은 하나하나에 혼신을 다해 성공하는 것이고, 무능한 사람은 하나하나를 우습게 여기다가 실패하는 것이다."[17]

5 역사의 평가를 두려워한다

    기억은 잊히거나 왜곡된다. 시간이 흐르면서 기억의 농도가 옅어지고, 사고방식과 관점의 차이는 기억을 자신에게 유리한 방향으로 편집해 버린다. 그래서 필요한 것이 기록이다. "기록은 기억을 지배한다."라는 유명한 명제처럼 기록은 일어난 일을 그대로 남김으로써 사실을 객관적으로 기억하도록 도와준다. 오해의 소지를 없애고 책임을 명확하게 규정해 주는 역할을 하며, 성공과 실패의 원인을 복기할 수 있게 해 준다.

    그러나 기록이라고 해서 무조건 신뢰할 만한 것은 아니다. 잘못된 사실을 진실인 것처럼 기록할 수도 있고, 자신에게 유리한 기록은 남기고 불리한 기록은 없애서 기록을 가공할 수도 있다. 기록에 반드시 '신뢰성'이 담보되어야 하는 이유이다.

"역사를 기록하는 붓을 잡은 자는, 공자께서 역사의 기록을 취하고 버리셨던 그 뜻을 본받지 못할 바에야 그저 사실에 따라 바르게 기록하면 그뿐이다. 그러면 자연스럽게 칭찬하고 비난할 바가 가려져서 후세에 전할 수 있는 믿을 만한 기록이 된다."[18]

세종은 공자처럼 기록을 남기지 못할 바에는 사실에 따라 객관적으로 기록하는 것이 우선이라고 강조했다. 공자처럼 기록하는 것이란 '춘추필법(春秋筆法)'을 말한다. 동양의 기록자들이 가장 중요하게 생각한 것은 '교훈'이었다. 훗날 이 기록을 읽는 사람이 여기에서 무엇을 배우고 어떤 교훈을 얻을 수 있는가, 그것을 염두에 두고 기록해야 한다는 것이다. 공자는 역사서 『춘추』를 지으면서 유교적 도덕주의의 이념에 따라 대의명분을 강조하고 정치의 잘잘못을 냉정하게 비판하여 후세의 거울로 삼도록 했다. 춘추필법은 여기서 유래한 말로 동양에서 기록을 남기는 모범답안이 되었고 역사책의 표준이 되었다.

춘추필법은 기록자의 주관이 개입되는 것을 인정한다. 기록자의 '평가'가 반영되는 것이다. 따라서 기록한 사람이 미숙하거나 악의적인 의도를 가지고 있다면 왜곡이 발생할 수 있었다. 더욱이 모든 역사의 기록자들이 공자처럼 깊은 학문과 올바른 가치관을 가지고 공정한 기록을 남기기란 애초부터 불가능한 일이 었다. 그래서 세종은 "공자의 뜻을 본받지 못할 바에는 그저 사실에 따라 바르게 기록하라."라고 한 것이다.

조선의 실록은 이런 취지에 충실한 기록이었다. 실록은 특히 유일한 절대자인 왕에 대해서 매우 엄격하고 철저했다. 중국에도 실록이 있고 고려에도 실록이 있었지만 왕의 일거수일투족을 모두 그대로 기록한 것은 조선의 실록이 유일하다. 한번은 태종이 사냥을 하다가 말에서 떨어진 적이 있었는데 태종은 이 사실이 부끄러웠는지 "사관이 알게 하지 말라."라고 지시하였지만 그렇게 지시했다는 말까지 실록에 실려 있다.[19] 세종이 세자빈 봉씨를 폐서인하면서, 봉씨가 궁녀와 동성애를 즐긴 사실은 부끄러워 공식 문서에 기재할 수 없으니 다른 죄목들만 거론하여 폐출하라고 명령한 내용도 고스란히 기록으로 남아 있다.[20] 현종은 신하들과 격한 논쟁을 벌이다가 "사관은 지금 한 말들을 기록하지 말라."라고 말한 적이 있었는데, 사관은 이를 거부하고 현종이 그런 말을 했다는 사실과, 명을 거부하자 현종이 심하게 화를 냈다는 것까지 그대로 기록해 두고 있다.[21] 군주의 말과 행동에 대해서는 사소한 것이건 불리한 내용이건 빠트림 없이 적어 기록으로 남긴 것이다.

이처럼 군주의 모든 것이 역사로 남는다는 사실은 군주로 하여금 끊임없이 역사의 평가를 의식할 수밖에 없게 한다. 자신의 말과 행동, 행적이 모두 기록에 남아 후세로 전해지고 그 기록을 누구나 볼 수 있게 된다는 사실은 군주에게 심리적 부담과 함께 책임감도 주었을 것이다. 사람들의 시선과 평가를 염두에 두며 몸가짐을 조심하게 되고, 자신이 한 일을 부인하거나 책임을 회피할 수도 없으니 하나하나에 신중을 기울여 판단하게 되는 것이다.

조선에서는 원칙적으로 왕이 실록을 보지 못하게 되어 있었다. 실록을 편찬하는 데 기초 자료가 되는 '사초(史草)'조차도 봐서는 안 됐다. 한번은 태조가 사초를 가져오게 했는데 사관(史官)이었던 신개가 그럴 수 없다며 상소를 올린다.

"전하께서 만약 사초를 열람하신다면, 훗날 다른 임금이 '선대왕께서 하신 일'이라는 핑계를 대며 사초를 보려 들 것입니다. 이것이 관행이 되어 당연한 일로 받아들여진다면, 사관들 중 그 누가 감히 붓을 들어 올바른 사실을 기록하려 하겠습니까. 사실을 올바르게 기록하는 정신이 사라지면, 옳고 그름을 숨김없이 드러내어 착함을 권장하고 악함을 경계하는 취지 또한 어두워질 것이고, 임금과 신하도 꺼리고 두려워하는 바가 없어져 스스로를 반성하지 못하게 될 것입니다. (중략) 또한 전하께서 사초를 보시게 되면, 후대 사람들은 반드시 '그때 임금이 사초를 보았으니, 사관이 어찌 사실대로 기록했겠는가?'라며 기록의 신빙성을 믿지 않게 될 것입니다."[22]

왜 임금이 사초를 볼 수 없었고, 편찬이 완료된 실록을 읽는 것조차 매우 까다로운 규제를 받아야만 했는지가 여기에 잘 드러나 있다. 당대의 기록을 보지 못하게 함으로써 왕이 자신의 행위가 역사에 어떻게 남을지 항상 두려워하며 행동하도록 심적인 규제를 가한 것이며, 기록하는 사람을 권력에서 보호하고 기록의 신뢰성을 확보하기 위해서였던 것이다.

그럼에도 불구하고 사초를 본 임금이 있었다. 1498년 7월, 연산군은 성종 때 사관을 지낸 김일손이 세조를 비난하는 기록을 작성했다는 보고를 듣고 그가 작성한 모든 사초를 압수해 오도록 명령했다. 하지만 신하들이 결사적으로 반대하자 한 걸음 물러선다. 사초 전문(全文)이 아니라 문제가 된 해당 부분 몇 줄만 잘라내서 본 것이다. 그리고 사초 열람을 반대한 신하들에 대해서도 "보지 않을 수 없는 상황인 줄 알면서도 이처럼 완강히 반대를 하니 내 마땅히 죄를 물어야 하겠지만, '역사'의 기록을 위해서 말한 것이니 특별히 용서하겠다."라며 죄를 주지 않았다.[23]

자신에게 반대하는 신하들을 용납하지 않았던 평소 연산군의 스타일로 볼 때 의외의 일이었다. 거침없이 행동했던 폭군 연산군조차도 자신이 역사에 어떻게 기록될지, 그래서 후세 사람들이 어떻게 볼지 걱정했던 것이다. "임금이 두려워하는 것은 '역사의 기록'일 뿐이다."[24] 연산군의 이 말이 기록의 힘을 고스란히 말해 준다.

　군주가 오로지 신하들의 반대가 무서워서 사초와 실록을
보지 않았다고 생각되지는 않는다. 아무리 그런 규율이 존재한다
고 해도 절대 권력자인 왕이 마음만 먹는다면 얼마든지 무력화할
수 있었을 것이다. 자신에 대한 기록을 읽고 싶고, 자기에게 유리
한 방향으로 기록을 남기고 싶은 마음을 떨쳐 낼 수 있었던 것은
책임감과 사명감 때문이었다. 자신의 모든 말과 행동, 판단과 결
정이 기록으로 남겨지고 그것이 역사가 된다는 데서 오는 두려움
과 자부심 때문이었다. 이로 인해 자신의 기록을 보는 후대에 떳
떳하고 본받을 만한 군주가 되어야겠다는 의무감도 생겨났을 터
이다.

2부 의리 義利

이익을 앞에 두고
의로움을 생각하라

"왕께서 어떻게 내 나라를 이롭게 할까 하시면
귀족들은 어떻게 내 집안을 이롭게 할까 할 것이며,
백성들은 어떻게 하면 내 몸을 이롭게 할까 할 것입니다.
이처럼 위아래가 모두 이로움을 추구하게 되면 나라는 위태롭게 됩니다."

— 맹자

"이 세상의 학자들은 뜻을 성실히 하고 마음을 바르게 하면
나라와 천하가 자연히 잘 다스려질 것이라고 입으로만 말한다.
그러면서 백성을 위한 실질적인 일에 힘쓰는 사람들을
공리(功利)를 추구한다며 비웃는다. 이것이 과연 옳은 도리인가?"

— 김육

6 의(義)와 이(利)를 함께 추구한다

"당 태종의 마음은 어느 한 생각도 욕망에서 나오지 않은
것이 없습니다. (중략) 그가 국가를 건국하고 대대로 물려주었다고
해서 이것만 가지고 천리의 올바름을 얻었다고 평가한다면, 이는
성공과 실패의 결과를 가지고 옳고 그름을 논하는 것이 됩니다.
마치 사냥꾼이 새를 많이 잡은 것에 대해서 자랑할 뿐 정도(正道)
에서 벗어난 교활한 사냥법에 대해서는 부끄러워하지 않는 것과
같습니다."[25]

"(당 태종은) 폭력을 금지하고 난리를 진압하여 백성을 사랑
하고 만물을 이롭게 하였습니다. 이와 같은 공적은 결코 가릴 수

없는 것이니, 이것이 가능했던 것은 그의 본령이 위대하고 드넓었기 때문입니다."[26]

중국의 당 태종에 대한 평가를 두고 주자와 진량의 의견이 엇갈리는 부분이다. 주자는 군주가 선한 마음을 가지고 정치에 임하면 만족할 만한 성공을 거둘 수 있다고 확신했다. 군주가 가진 내면의 도덕성이 외부로 표출되고, 사람들이 거기에 감화받아 도덕성이 사회 전체로 확산되면서 모든 것이 조화롭게 움직이게 된다는 것이다. 그는 군주의 도덕적 자각과 동기의 옳고 그름을 중요시하고, 결과가 얼마나 성공적인지에 대한 계산이나 결과가 가져다줄 이익은 염두에 두지 않았다.

이에 비해 진량은 군주의 공적을 평가할 때 동기의 선악 여부뿐만 아니라 결과 면에서 실패인지 성공인지도 따져 봐야 한다고 주장한다. 진량에 따르면 결과가 성공적이면 동기와는 상관없이 결과 자체에 덕과 이치가 들어가 있는 것이 된다.

이러한 동기주의와 결과주의, 의로움과 이익에 대한 주장은 공자부터 시작된 것이다. 공자는 군주가 도덕적인 동기를 품으면 백성들은 자연히 군주를 신뢰하고 따르게 된다고 생각했다. 하지만 군주의 내면에 아무리 선한 목적이 있다고 해도 그것이 현실에서의 성공까지 보장해 주지는 않는다. 양(梁)나라 무제(武帝)는 "부처의 마음을 가진 황제[佛心天子]"라고 불릴 정도로 덕이 높았지만 국정을 제대로 관리하지 못해 나라가 피폐해졌고 양 무제 자신은 굶어 죽었다. 그 때문에 공자도 군주의 도덕성을 강조함과 동시에 정치가 백성들에게 실질적인 이익을 가져다줄 수 있어야 한다고 보았다. 다만 그 이익, 즉 성공적인 결과에 대한 추구는 반드시 의로움에 입각해야 한다는 것이 공자의 생각이었다. 올바른 목적에 의한 성과, 도덕의 지도를 받는 이익을 역설한 것이다.

맹자는 결과와는 상관없이 군주의 내면적 동기가 선하냐, 선하지 않냐에 중점을 두었다. 『맹자』의 첫머리에 보면 위(魏)나라 양혜왕과 맹자가 '의(義)'와 '이(利)'를 두고 대화하는 장면이 나온다. 양혜왕이 "저희 나라를 어떻게 이롭게 해 주시겠습니까?" 라고 묻자, 맹자는 "왕께서는 왜 하필 이(利)를 말씀하십니까? 왕께서 어떻게 내 나라를 이롭게 할까 하시면 귀족들은 어떻게 내 집안을 이롭게 할까 할 것이며, 백성들은 어떻게 하면 내 몸을 이롭게 할까 할 것입니다. 이처럼 위아래가 모두 이로움을 추구하게 되면 나라는 위태롭게 됩니다."라고 대답한다.[27] 군주의 동기가 순수하지 못하고 사사로운 욕심이 개입되어 있다면 설령 결과가 좋아도 결코 좋게 봐 줄 수 없다는 것이 맹자의 생각이었다.

이에 비해 순자는 결과에도 주목한다. 그는 맹자가 매우 부정적으로 평가했던 패도 정치를 왕도 정치의 차선책으로 긍정했다. 순자의 주장대로라면 군주의 동기가 '의(義)'의 차원에서 다소 순수하지 못해도 백성에 대한 사랑, 성실함, 믿음이 전제되기만 하면 좋은 정치라 할 수 있다.

이러한 기준들은 조선의 왕들을 평가할 때도 중요하게 작용한다. 왕자의 난을 일으켜 동생들을 죽인 태종을 어떻게 볼 것인가, 조카의 보위를 찬탈한 세조의 계유정난은 정당화될 수 있는가, 훌륭한 업적을 세웠다고 해서 비도덕적인 선택까지 합리화될 수 있을까 하는 의문을 가져 볼 수 있는 것이다.

또한 중종반정과 인조반정은 폭군에 대항했다는 이유 하나만으로 의로운 거사라고 말할 수 있는가, 숙종의 극단적인 환국 정치는 왕권을 강화했을지언정 군주의 잘못된 욕망이 발현된 것은 아닌가, 고종은 많은 경우 어설프게 행동해서 나라에 손해를 끼쳤지만, 그의 동기가 순수했으니 높이 평가할 수 있는 것인가의 문제에 대해서도 이 기준으로 생각해 볼 수 있다.

요컨대 정리해 보면 군주의 행위를 평가할 때 다음 네 가지 경우가 있을 수 있다.

(1) 도덕적이고 선한 목적에서 행동했고 결과도 좋다.
(2) 도덕적이고 선한 목적에서 행동했지만 결과가 나쁘다.
(3) 비도덕적이고 사사로운 욕망에 따라 행동했는데 결과가 좋다.

(4) 비도덕적이고 사사로운 욕망에 따라 행동했고 결과도
   나쁘다.

위의 네 가지 중 목적도 선하고 결과도 좋은 경우가 좋고, 사사로운 욕망에 따라 행동해 결과도 나쁜 경우가 나쁘다는 것에 대해서는 누구나 동의하겠지만, 선한 목적에서 행동했으나 결과가 나쁜 경우와 사사로운 욕망에 따라 행동했는데 결과가 좋은 경우는 관점에 따라 평가가 다를 것이다. 주자는 전자를 긍정하고 후자를 비판할 것이며, 진량은 전자보다는 후자를 더 높게 평가할 것이다. 이분법적인 접근 방식은 옳지 않겠지만, 만약 둘 중 하나만을 택해야 한다면 어떻게 해야 할까? 군주는 비록 결과가 좋지 않아도 도덕적 순수성을 지켜야 할까, 아니면 도덕보다는 결과를 우선해야 할까.

이 문제에 정답은 없다. 사안에 따라, 상황에 따라 어디에 중점을 두어야 할지가 달라질 것이다. 다만 하나의 답안을 제시하자면 주자와 진량의 관점을 융합할 필요가 있다.

좋은 결과를 담보하지 않는 좋은 동기는 세상을 개선시키는 데 별다른 힘을 발휘하지 못한다. 성과가 나오든 말든 오로지 도덕성만 지켜 내겠다는 태도는 리더 개인의 숭고함만 지킬 뿐 구성원들에게 도움을 주지 못한다. 혼란과 위기만 가져올 뿐이다.

반대로 동기가 어찌 됐건 결과만 좋으면 되고, 성과만 거두면 된다는 성공 지향주의는 조직의 윤리적 퇴보를 가져올 것이다.

무릇 리더는 "백성들이 이롭게 여기는 바를 따라 이롭게 해주라."[28]라는 공자의 말처럼 구성원들에게 필요한 물질적 이득까지도 충족해 주어야 한다. 하지만 이것은 어디까지나 구성원들을 위한 순수한 열정과 도덕적 동기에 기반을 두어야 한다. 이러한 원칙을 항상 간직하고 있는 군주는 설령 지극히 공리적이고 현실적인 선택을 내려야 하는 순간이 오더라도 최소한 인간적 존엄을 잃지 않는 결정을 내릴 수 있다.

7 자신의 결단을 증명해 보인다

옳은 것과 잘못된 것 중에서 하나를 고르는 일은 어렵지 않다. 악의를 품지 않는 이상 누구나 옳다고 믿는 것을 고른다. 그리고 이때 '결단'이란 말은 쓰지 않는다.

결단은 옳은 것과 옳은 것 사이에서 선택을 하게 될 때 사용하는 말이다. 이러한 선택에서 정답은 찾는 것이 아니라 증명하는 것이다. 내가 택한 것도, 택하지 않은 것도 모두 옳은 것이고 답이 될 가능성이 있을 때는 얼마나 빨리, 얼마나 빈틈없이 나의 선택이 정답임을 증명하느냐가 중요하다.

1388년 5월 22일, 압록강에 있는 작은 섬 위화도에 주둔하고 있던 고려의 요동 정벌군 사령관 이성계는 여러 장수들을 모아 놓고 외쳤다. "우리가 만일 명나라를 공격하여 황제의 노여움을 산다면 그 화는 머지않아 종묘사직과 백성들에게 닥칠 것입니다. 내가 이러한 이치를 들어 군사를 돌이킬 것을 청하였으나, 왕께서 받아들이지 않으셨고 최영 또한 늙어 정신이 혼미하여 듣지를 아니했습니다. 이제 더 이상 머뭇거릴 수 없습니다. 나는 회군하여 왕을 직접 뵙고 전후 사정을 말씀드림과 동시에 임금을 둘러싼 간신들을 제거하여 백성을 안정시키고자 합니다. 제장들은 나와 함께해 주시겠습니까?"[29]

고려의 요동 정벌은 명나라가 철령 이북 땅을 내놓으라고 요구하자 이에 격분한 최영이 명나라를 선제공격하겠다고 결정하면서 추진된 것이다.[30] 이에 대해 이성계는 4불가론을 내세우며 반대했다. "첫째, 작은 나라로서 큰 나라를 공격하는 것은 옳지 못하다. 둘째, 여름철에 군사를 동원하는 것이 옳지 못하다. 셋째, 온 나라의 군력을 동원하여 멀리 정벌에 나서게 되면, 왜적이 허술한 틈을 타서 침범해 올 것이다. 넷째, 이제 곧 장마철이므로 아교가 풀어져 활이 망가질 것이고, 많은 장병들이 질병을 앓을 우려가 있다."[31]

흔히 이성계를 고려의 변방인 함경도 출신의 비주류 인사가 큰 무공을 세움으로써 중앙 정계에 성공적으로 안착한 사례로 보지만 여기서 변방이라는 것은 고려의 시각에서 봤을 때만 그럴 뿐이다. 이성계가 활동하던 동북면은 동아시아 전체의 관점에서 보면 명나라(홍건적)와 원나라, 그리고 여진이 각축을 벌이며 국제 정세가 소용돌이치던 전략적 중심지였다. 이성계는 이들을 비롯하여 왜 등 동아시아 여러 세력과 직접 마주하면서 당대의 국제 정세를 읽어 내는 넓은 시야를 갖추었을 것이다. 실제로 이성계의 참모 중에는 여진족과 위구르족 출신도 있었다. 이러한 이성계였기에 당시 고려의 국력으로 명과 정면으로 대결한다는 것이 얼마나 비현실적인 일인지를 누구보다 잘 알았을 것이다.

이 지점에서 이성계의 판단과 최영의 판단이 정면으로 부딪친다. '패배해 죽음을 맞이할시언성 싸우지도 않고 우리의 영토를 넘겨주는 치욕을 감내할 수는 없다.'라는 최영의 명분과 '고려는 떠오르는 강대국인 명나라의 상대가 되지 못한다. 명을 공격했다가는 역공을 받아 나라와 백성들이 위태로움에 빠질 것이다.'라는 이성계의 명분이 충돌한 것이다.

최영이라고 해서 이성계의 주장에 옳은 점이 있다는 것을 몰랐을 리가 없고, 이성계라고 해서 최영의 주장을 완전히 부정하지는 못했을 것이다. 둘 다 나름의 타당성과 명분이 있기 때문이다. 다만 두 사람은 정치적 신념과 가치관이 달랐다. 최영에게는 국가의 자존심이 중요했고, 이성계에게는 국가의 생존이 더 중요했다.

　최영과 이성계는 각자의 명분을 내세우며 대립했지만 우왕
이 최영의 손을 들어 주면서 일은 최영의 뜻대로 진행되었다. 5만
명의 요동 정벌군이 조직되고 이성계는 원치 않던 지휘관의 자리
를 맡게 된다. 진군 과정에서 장마를 만나 정벌군이 오도 가도 못
하는 상황에 빠지고 전염병이 퍼져 병사들이 수도 없이 쓰러졌지
만, 우왕과 최영은 이성계가 늑장을 피운다며 진군을 재촉했다.
전선의 사정은 아랑곳하지 않고 진군만 독촉하는 왕에게 장병들
의 여론이 좋을 리가 없었다. 이에 이성계는 이것을 기회로 삼아
회군을 단행한 것이다.

　왕의 허락 없이 군대를 되돌리는 것은 명백한 반란이다. 그
런데도 병사들은 "과거와 오늘을 통틀어 이런 사람이 없었다."라
며 이성계를 구세주처럼 여겼고, 민간에서는 "목자(木子, 이성계를
의미)가 나라를 얻는다."[32]라거나 "이 원수(元帥)여, 원컨대 백성들
을 구원하소서."[33]라는 노래를 불렀다. 이성계 측에서 여론전을 위
해 의도적으로 퍼트린 것이겠지만, 광범위하게 퍼져 나갔다는 것
은 당시 민심이 회군을 지지했음을 뜻한다. 옳음과 옳음이 충돌하
는 '명분의 전투'에서 승리하기 위해서는 구성원들이 이 딜레마를
어떻게 보는지를 이해하고 집단의 렌즈를 자신의 렌즈에 일체화
하는 일이 중요한데 이성계는 이 부분에서 우위를 차지한 것이다.

개경을 향해 병력을 돌린 이성계는 10여 일에 걸친 교전 끝에 최영을 체포하고 개경을 함락시켰다. 그리고 외교적 역량을 총동원하여 명나라로 하여금 더 이상 철령 문제를 거론하지 않게 만들었다. 상대편 명분의 근거를 아예 없애 버린 것이다. 이로써 이성계의 회군은 반역이었음에도 백성을 전쟁의 위협에서 구원해 낸 결단으로 면죄부를 얻었고, 최영의 도전은 본래 취지와는 상관없이 현실을 모르는 무모한 행위로 전락하게 되었다.

8 면밀한 준비로
명분을 뒷받침한다

　　동양에서 '명분'은 자신의 위치에서 지켜야 할 도리와 분수
를 말한다. 도리를 모르고 분수를 지키지 못하는 사람은 사람 취
급을 받지 못하듯이, 명분을 따르지 못하는 조직이나 국가는 존재
이유를 의심받는다. 명분을 지키기 위해 목숨을 걸고, 조직과 국
가의 운명을 거는 일도 마다하지 않았던 것은 이 때문이다.

　　하지만 명분은 윤리, 원칙, 이상(理想)의 성격을 갖고 있기
때문에 이 명분과 현실 사이에는 언제나 일정한 거리가 놓이게 된
다. 그럴 때는 명분과 현실을 조율하여 '지금 바로 이 상황(時中)'
에 알맞은 최선의 선택을 내려야 한다. 명분을 선택하더라도 현실

을 고려하여 철저한 준비로 명분을 뒷받침해야 하고, 현실에 무게를 두더라도 명분을 폐기해서는 안 된다. 오로지 명분에만 집착하다 보면 공허한 외침이 되고 반대로 현실만 내세우다 보면 윤리적 존엄성을 상실한 결정을 내릴 수 있기 때문이다.

병자호란 당시 인조의 사례는 현실에 대한 고려와 철저한 준비 없이 명분만을 고집했을 때 얼마나 큰 위기가 초래될 수 있는지를 생생히 보여 준다. 정묘호란이 끝나고 후금과 조선은 형제의 관계를 맺고 평화조약을 맺었다. 하지만 조선은 부득이하게 화친을 맺었을 뿐 언젠가는 치욕을 갚겠다는 생각을 하고 있었고, 후금은 후금대로 이러한 조선을 의심하며 견제했다. 그러다 보니 몇 차례 외교적 충돌이 발생했는데 1636년이 되면서 사태가 급격히 악화된다. 후금의 칸 홍타시가 황제로 즉위하고 국호도 '후금'에서 '청'으로 바꾸겠다는 통보가 조선에 전해졌기 때문이다.[34]

소식을 들은 조선은 들끓었다. 후금과 외교 관계를 수립하기는 했지만 명나라와의 의리를 지켜야 한다는 것은 조선의 사대부들에게 당연한 명분이고 절대적인 신념이었다. 후금을 오랑캐라 하여 멸시하는 인식도 여전했다. 그런 와중에 후금이 황제를 칭하며 '상국(上國)'인 명나라를 위협하니 도저히 묵과할 수 없었던 것이다. 이에 홍문관에서는 "개돼지 같은 오랑캐에게 더 이상 머리를 숙일 수 없다. 준엄한 말로 저들을 꾸짖어 오랑캐들로 하

여금 우리가 지키고자 하는 정신과 도리를 어지럽히지 못하게 해
야 한다."라는 상소를 올렸으며, 후금 사신들의 목을 베어야 한다
는 주장도 나왔다.[35]

그러자 인조는 청나라가 보내온 국서를 거부하기로 결정한
다. 홍타시의 황제 즉위를 인정할 수 없다는 것이었는데, 이 결정
이 머지않아 조선에 전쟁을 불러오리라는 것을 인조도 모르지는
않았을 것이다. 청나라로서는 국가적인 모욕일 뿐 아니라, 산해관
을 넘어 명나라와 최후의 일전을 준비하고 있는 그들이 '친명반
청'을 외치는 화근거리를 등 뒤에 남겨 둘 리가 없었기 때문이다.
그럼에도 인조는 매우 강한 어조로 청나라를 비판하고 항전 의지
를 천명하는 교지를 전국에 내려보냈다.[36]

명나라의 은혜를 저버렸다는 죄목을 명분으로 내걸고 광해
군을 폐위했던 인조에게 대청 강경 노선은 어쩔 수 없는 선택이었
을 것이다. 이 명분을 지키지 못할 경우 반정을 한 자신의 정당성
자체가 부정되기 때문이다. 명분을 수호하겠다는 의지를 내세운
것까지는 좋았으나, 문제는 후속 조치가 전혀 뒤따르지 않았다는
점이다. 인조는 "우리나라는 수천 리의 강토를 가지고 있는데 어
찌 움츠리고만 있으면서 모욕을 받아야 하겠는가."[37]라고 열변을
토했지만 말에 그쳤을 뿐이었다. 구체적이고 실제적인 전쟁 대비
책은 전혀 마련되지 않았다. 방어 능력을 강화하겠다면서 화약과

무기를 의주 등 평안도 국경 지역으로 보냈지만 단 두 차례에 불과했고, 수량도 매우 적었다. 그러면서도 인조는 청나라에 "사태의 책임은 전적으로 귀국에 있다."라는 내용의 격문을 보내 상황을 악화시켰고, 그것도 청나라가 접수를 거부하자 재차 사신을 파견했다.[38] 신하들도 아무런 행동을 하지 않으면서 "군사들이 사기가 충천하여 청나라와 한번 붙어 싸워 보기를 원한다고 합니다."라는 식의 무책임한 말만 거듭했다.[39]

아무런 준비 없이 상황을 위기로 몰아가는 인조의 태도를 정면에서 비판한 것이 최명길이다. 최명길은 "공격과 방어의 계획을 세우지 않으면서 그렇다고 외교를 통해 전란을 막으려 하지도 않으니, 전쟁이 벌어져 백성들이 도륙당하면 그 책임은 대체 누가 질 것이냐."라고 되물었다. 그러면서 "먼저 사신을 보내 저들의 상황을 살피고 전쟁을 막기 위해 최대한 노력하되, 끝내 여의치 않으면 그때는 전력을 다해 싸우는 것이 그저 앉아서 망하기를 기다리는 것보다는 나을 것"이라고 주장했다.[40] 그는 "머지않아 겨울이 와서 강물이 얼게 되면 청나라의 군대가 쉽게 강을 건너 진군할 것"이라는 경고도 덧붙였는데, 이 때문이었는지 몰라도 결사 항전을 주장하던 인조의 태도는 상당히 수그러들었다. 인조는 "지키고 방어할 준비를 하려고 해도 우리의 힘이 너무 약하고, 외교를 통해 전쟁을 막아 보려고 하면 사대부들이 모두 불가하다고 말한다. 적은 오고야 말 것인데 대체 어떻게 해야 하겠는가!"라고 탄식한다.[41] 바로 자신이 명분만 내세우며 상황을 악화시켜 놓고, 준비는 하나도 하지 않은 채 시간만 보내다가 막상 전쟁이 현실로 다가오자 책임을 다른 데 돌린 것이다.

신하들도 마찬가지였다. 그저 우왕좌왕할 뿐, 아무런 대책도 내어놓지 못했다. 이를 두고 최명길은 "어제는 병사를 징집하자고 하고, 오늘은 저들에게 사신을 보내자고 하며, 내일은 또 국서를 보내서는 안 된다고 주장하니, 겁을 먹고 혼란에 빠져 있음이 어찌 이 지경에 이르렀단 말입니까."라고 꼬집는다. 또 "의주성을 방비하는 것이 지금 제일 중요한 일이기는 하나 병사와 군량을 준비한 후에야 이 일에 대해 의논할 수 있을 것입니다. 지금은 병사도 없고 군량도 없는데 대체 무엇을 한단 말입니까."라며 제대로 준비도 하지 않으면서 전쟁 불사를 주장한 이들을 공격했다.[42] 표면적으로는 다른 신하들에 대한 비판이었으나, 실은 인조를 지목한 발언이었다.

마침내 12월, 청나라의 대병력이 조선으로 쳐들어왔다. 인조는 남한산성에 들어가 방어전을 벌이면서 "화친의 길은 끊어졌으니 싸움만이 있을 뿐이다. 싸워 이기면 상하가 함께 살고 지면 함께 죽을 것이니, 오직 죽음을 각오함 속에서 살아가기를 기대하고, 위험에 몸을 내던짐으로써 평안하기를 구해야 할 것이다."

라며 의지를 불태웠다.[43] 하지만 제대로 대비도 되어 있지 않은 상태에서 전쟁에 승리한다는 것은 애당초 불가능한 일이었다. 죽음을 각오하고 싸우겠다는 인조의 다짐은 이듬해 1월 30일, 삼전도에서 청나라 태종 앞에 한 번 절하고 머리를 세 번 땅바닥에 조아리는 것을 세 차례 반복하는 삼궤구고두(三跪九叩頭)를 올림으로써 굴욕적인 항복으로 결말을 맺게 된다.

명나라와의 의리를 지킨다는 명분은 지금의 관점에서 보면 실리라고는 없는 공허한 움직임에 불과하지만, 당시 사람들에게는 목숨 걸고 지켜야 할 소중한 가치였을 것이다. 다만 명분을 지킨다고 자처했으면서도 구체적 실천과 행동이 뒤따르지 못한 점은 비난받아 마땅하다. 특히나 임금으로서 철저한 준비는커녕 오히려 상황을 악화시켜 백성들을 전쟁의 고통에 빠트린 점은 인조가 저지른 최대의 과오라 할 수 있다.

9 작은 의로움을 위해
큰 의로움을 버리지 않는다

　　국가와 국가, 집단과 집단의 관계에는 영원한 친구도 영원한 적도 없다. 국가든 조직이든 자신들의 생존과 이익을 최우선으로 하기 때문에 상황에 따라, 이익에 따라 친소 관계는 얼마든지 달라질 수 있는 것이다. 그런데 조선과 중국의 관계는 달랐다. 조선은 실질적으로 독립국가였지만 외형상으로는 중국에서 책봉을 받았다. 중국과 조선은 군주와 신하, 부모와 자식의 관계에 있었던 것이다. 따라서 중국의 이익이 우리의 이익을 침해할 경우 군주들은 우리의 이익을 포기해서라도 중국의 이익을 지켜 주어야 할지, 중국과의 의리를 지키지 못하는 한이 있어도 우리의 이익을 보호해야 할지 고민에 빠졌다.

중국의 파병 요청은 특히 군주를 선택의 고뇌로 몰고 갔다. 명나라는 툭하면 만주 지역의 여진족들이 국경을 어지럽힌다며 이들을 함께 치자고 조선에 파병을 요구했다. 출병은 물질적 부담뿐 아니라 인명의 손실도 가져올 수 있는 사안이다. 더군다나 명나라와 함께 여진을 공격한다면 여진의 보복은 상대적으로 약한 조선으로 향할 것이 분명했다. 아무리 명이 요청한 일이라고 해도 섣부르게 움직일 수는 없는 것이었다.

이 문제와 관련하여 성종은 명나라의 요구를 전적으로 들어주었다. 1479년, 명나라에서 파병을 요청해 오자 성종은 별다른 고민 없이 동의한다. 신하들이 "비록 천자의 명령이지만 올해 농사가 실패하여 백성들이 고통을 받고 있는데 군사를 동원할 수는 없다.", "지금 파병을 하면 중국에서는 앞으로 오랑캐를 정벌할 때마다 우리에게 군사 징발을 요구할 것이다."라고 반대했지만 성종은 "농사가 실패하였다고 해도 저들이 믿어 주지 않을 것이다."라며 물리쳤다.[44] 병력의 규모도 당초 계획보다 두 배나 많은 1만 명으로 정했고, 당일에 바로 지휘부 임명까지 끝내 버린다.

성종의 명령으로 어유소를 지휘관으로 하는 조선군이 압록강으로 진군했다. 하지만 어유소는 "강의 얼음이 채 얼어붙지 않아 건널 수 없다."라며 도강을 시도하지도 않은 채 회군해 버린다.[45] 성종은 다급해졌다. "중국에서 과연 그 말을 믿어 주겠는가?" 그래서 "백성을 위한다면 겨울철에 두 번이나 군사를 일으키는 것은 옳지 않겠지만, 중국에 대한 큰 의리를 지키기 위해" 재출병을 결정한다.[46] 대간에서 "전하께서 중국의 신임을 잃는 일만 걱정하시어 여윈 병졸들을 강제로 정벌에 내모시니 이는 매우 옳지 못합니다."라고 강력히 비판했지만 성종은 요지부동이었다.

윤필상이 이끄는 2차 정벌군은 "여진족 16명을 베고, 포로 15명을 사로잡는" 미미한 결과를 거뒀다. 성종은 이들을 크게 포상하겠다고 나섰다가 "한 명의 군사도 잃지 않아 다행입니다만 관서 지방의 백성들은 연달아 흉년을 겪고 두 번이나 전쟁을 치르느라 쇠잔하고 피폐해져 있습니다. 옛말에 '얻은 것이 잃은 것을 보충할 수 없다.'라 함은 이를 두고 하는 말입니다."라는 면박을 들어야 했다.[47]

성종은 한 달 사이에 두 번이나 군사를 일으키며 백성들의 고통을 가중했다. 군사적 성과를 거두지도 못했고, 여진 정벌에서 조선군의 역할도 미미했기 때문에 대명 외교에도 별 효과가 없었다. 오히려 신하들의 우려처럼 "여진이 침입하지도 않았는데 여진을 공격함으로써 원망을 사서 오히려 북방 국경이 위태로울" 가능성만 높아졌다. 그럼에도 성종은 명나라와의 신의를 지킨다는 명분이 무엇보다 중요했기 때문에 출병을 고집했다.

광해군의 선택은 이와 반대였다. 1618년 윤4월, 명나라 요동의 주요 지휘관들이 훗날 청나라가 되는 건주여진(建州女眞)을 정벌하겠다며 조선에 파병을 요청했다. 당시 신하들은 파병을 당연하게 생각했다. "중국은 부모의 나라로 멸망할 지경에 이른 조선을 다시 세워 준 은혜가 있는데, 지금 외부로부터 수모를 당하여 우리에게 군사를 요청해 왔으니 당연히 달려가 응원해야 하지 않겠습니까?"[48] 임진왜란 때 명나라가 군대를 보내 멸망 직전에 이르렀던 조선을 구해 주었으니 이제 그 은혜를 갚아야 한다는 것이었다.

그러나 광해군의 생각은 달랐다. 그는 조선의 상황이 파병을 감당할 수 없다고 보았다. 다만 파병을 거절한 명분이 부족했기 때문에 황제의 칙서가 없이는 움직일 수 없다는 논리를 내세웠다. 명나라 정부 차원의 공식적인 요구 없이 지방 정부의 요청만으로 파병하는 것은 절차나 관행상 맞지 않다는 것이었다. 명의 장수들이 조선의 태도를 힐난하는 공문을 보내왔지만 광해군은 꿈쩍도 하지 않았다. 광해군은 "우리나라는 상비군이 없으므로 하루아침에 병력을 모으기란 불가능하다.", "조선의 병사들이 약하기 때문에 섣부르게 참전했다가는 오히려 명군에게 피해를 줄 것이다." 등의 이유를 거론하며 파병하기 어렵다고 답변했다.[49]

광해군이 파병을 꺼렸던 것은 조선의 국력이 전쟁을 감당할 만큼 튼튼하지 못했기 때문이다. 당시 조선은 임진왜란과 정묘호란으로 쇠약해진 국력을 아직 회복하지 못한 상태였다. 더욱이 광해군은 조선의 역대 군주들 중 누구보다도 군사 경험이 많은 왕이었다. 그는 임진왜란 기간 동안 선조의 유고 사태를 대비한 임시 조정을 이끌면서 전쟁을 직접 겪었고 평안도에서 주로 활동했기 때문에 북방 정세를 상세하게 파악하고 있었다. 누르하치가 이끄는 건주여진이 명나라를 위협할 만한 강력한 세력을 구축하고 있다는 것은 광해군이 무엇보다 잘 아는 사실이었다. 따라서 광해군은 명의 여진 정벌이 무리수라고 보고 조선군을 참전시킬 수 없다고 판단한 것이다.

하지만 명나라 황제가 파병을 정식으로 요구하고 국내 여론도 압도적으로 파병을 지지하자 광해군은 마지못해 강홍립을 도원수로 하는 1만 3000여 명의 조선군을 출병시켰다. 그런데 강홍립은 전투에서 패배하고 청나라에 항복하고 말았다. 신하들은 군대를 다시 파병해야 한다고 주장했지만, 명의 요구를 전부 들어주었다가는 여진과의 대결 구도가 심화되고 조선은 전쟁의 참화에 휩쓸릴 것이 불 보듯 뻔했다. 그래서 광해군은 재파병을 거부하고 여진과의 적대 관계 해소를 추진한다.

광해군의 이와 같은 행위는 대명 사대 외교와 오랑캐 배척을 절대적 가치로 여겼던 조선 사대부들의 입장에서 결코 용납할 수 없는 것이었다. 명나라는 부모의 나라이며 명나라에 은혜를 갚아야 한다는 생각이 불변의 도그마로 받아들여지던 시대에 광해군은 명과 여진에 대해 등거리 외교를 선택함으로써 조선의 사대부 전부를 등 돌리게 만들었다. 그리고 마침내 "광해는 은덕을 베푼 황제의 명을 두려워하지 않았으며, 배반하는 마음을 품고 오랑캐와 화친하였다. 예의의 나라인 우리를 오랑캐 금수의 나라로 전락시켰으니, 가슴 아픈 일을 어찌 다 이루 말할 수 있겠는가."라는 죄목으로 폐위당한다.[50]

국가 간에 신의를 지키는 것은 중요하다. 자신이 먼저 약속을 지켜야 상대방에게 약속 이행을 요구할 수 있다. 도움을 받았다면 그에 보답해야 또다시 도움을 필요로 하는 상황이 와도 떳떳하게 도움을 요청할 수 있다.

하지만 신의를 지키는 과정에서 희생이 요구된다면 리더는 어떤 선택을 해야 하는가. 희생을 하더라도 그것은 공동체가 충분히 감당할 수 있는 여력 안에서 이루어져야 한다. 국가의 존립이 위협받고 구성원들의 이익이 심각하게 침범당하는 수준의 희생을 취한다면 작은 의로움을 위해 큰 의로움을 버리는 것이다. 윤리와 신의는 국가와 구성원들의 생존을 확보한 후에 논의할 수 있는 것이다. 광해군이 정치적 부담과 고립을 감수하면서도 실리를 택했던 것은 이 때문이다.

10 어떤 명분보다도
백성을 우선한다

1698년, 사헌부 집의(執義) 정호가 숙종에게 상소를 올렸다.

"서곡(西穀)에 대해서 전말을 소상히 알지는 못하오나, (중략) 이해관계를 가지고 계산해 보아도 명분을 가지고 헤아려 보아도 도무지 옳지가 않습니다. (중략) 비록 우리가 거듭된 기근을 겪고 있다 하더라도 어찌 가벼이 우리의 약한 사정을 드러내어 보임으로써 저들로부터 업신여김을 당해야 하겠습니까? 더욱이 저들은 끝없는 탐욕을 지니고 있으므로 절대 남을 이롭게 하면서 자신들이 손해를 보려 들지는 않을 것입니다. 지금 수많은 은화를 들여 쌀을 들여온다 해도 저들은 필시 다 썩어 쓸모없는 쌀을 내줄 것이니, 보리 수확기에 이르기도 전에 그 효용이 다할 것이며, 국고는 텅 비게 될 것입니다. (중략) 또한 곡식을 준 대가로 전하나 높은 신하로 하여금 직접 청나라에 들어와 감사 인사를 하도록 요구한다면 어찌시겠습니까? (중략) 앞으로 저들이 들어주기 어려운 청을 한다면 무슨 말로 거절하시려는지요?"[51]

여기서 '서곡'이라는 것은 청나라로부터 쌀을 들여오는 것을 말한다. 당시 조선은 5년(1695~1699)에 걸친 대기근을 겪고 있었다. 숙종은 기근으로 고통받는 백성들을 걱정하고 수령들의 적극적인 구휼 활동을 당부하는 비망기를 여러 차례 내렸다. "전쟁 같은 난리는 위태롭기가 그지없어도 재난을 피해 목숨을 연명할 수 있는 땅이 있는 데 비해, 지금은 나라 안 모든 곳에 큰 흉년이 들어 곡식이 익은 밭을 찾아볼 수가 없고 백성들은 생계를 이어갈 수가 없게 되었다."[52] 숙종의 상황 묘사는 시간이 갈수록 더욱 처참해진다. "아비가 자식을 죽이고 사람이 사람을 잡아먹는다. 사람들이 뱀처럼 악독해져 여기저기서 도적들이 일어나니 백성들로 하여금 차마 못할 짓을 하게 만들고 있다."[53] "백성들의 곤궁함과 고통이 오늘과 같은 때가 없었다. 사람들의 원망이 하늘에까지 이르니, 3년 동안 큰 흉년이 들었음에도 다시 그 이상의 재해가 발생하고 있다."[54]

1698년의 기록을 보면 "이해에 도성에서 쓰러져 죽은 시체가 1582명이고, 팔도에서 사망한 사람이 2만 1556명이었다. 지방에서 보고된 숫자는 실제의 10분의 2나 3밖에 되지 않을 것인데도 이렇게 많은 숫자에 이르렀으니, 기근과 전염병의 참혹함이 실로 이제껏 겪어 보지 못한 바였다."라고 되어 있다.[55] 이 5년의 대기근 동안 최소 10만 명, 최대 50만 명 이상이 목숨을 잃었던 것이다.

이러한 국가적 대재난에 대응하기 위해 숙종을 비롯한 신하들은 여러 가지 대책을 내놓았다. 상대적으로 수확이 괜찮은 지역의 농작물을 기근이 심한 지역으로 신속히 옮겼으며, 세금을 대폭 감면하고 군량미로 비축된 곡식을 풀었다. 왕실과 관청에서 소요되는 비용을 절감하고 면세 대상 토지를 줄여서 구휼 재원을 확보하기도 했다. 하지만 기근이 워낙 심했던 데다가 조선 역사상 최대 기근이었던 현종 때의 경신대기근(1670~1671)의 충격을 아직 극복하지 못했던 상황이어서 효과적으로 대처하는 데 한계가 있었다.

조선이 가지고 있는 자원만으로는 기근을 해결하기 어려웠기에 결국 청나라에서 쌀을 들여오자는 주장이 나왔다. 서곡은 경신대기근 때도 논의된 바 있었다. 당시에 형조판서 서필원이 "나라와 민간의 저축이 모두 바닥이 나 상황이 극도로 위급합니다. 청나라에서 곡식을 빌리자는 의견이 많으므로 아룁니다."라고 하자, 구휼 실무의 총책임자였던 허적이 "청나라가 우리보고 곡식을 실어 나르라고 한다면 우리의 사정으로는 감당할 수 없습니다."
라며 반대했다.[56] 다른 신하들도 "곡식을 빌린다 해도 운반하는 데
시일이 오래 걸려서 이미 춘궁기가 지나가 버릴 것입니다."라며
부정적인 의견을 내세웠다.[57]

　　당시 청나라는 오랑캐이고 우리에게 치욕을 준 나라라는
생각은 조선 사대부들의 변함없는 인식이었다. 따라서 언젠가는
반드시 그 원한을 갚아야 할 마당에 '원수'에게 머리를 굽혀 도움
을 청하는 것은 있을 수 없는 일이었다. 하지만 국가가 위기를 겪
고 있는 상황에서 명분론만 내세울 수는 없었으므로 기술적인 이
유를 들어 반대한 것으로 생각된다. 현종이 거듭 이 문제를 다시
논의해 보라고 채근하였지만 결국 유야무야되었는데, 숙종 대에
들어 또다시 대기근이 닥치자 서곡 문제가 재점화된 것이다.

　　청나라의 쌀을 들여오는 일은 압록강 하류의 중강(中江)이
라는 섬에 시장을 열어 청나라 상인들에게 은이나 동을 주고 쌀을
구입하는 교역 형식으로 기획되었다. 그때까지 양국의 무역은 철
저히 관(官) 통제 하에 이루어졌고 더욱이 미곡(米穀)은 해당 품목
이 아니었기 때문에 이를 위해서는 청나라 조정의 허락이 필요했
다. 청나라의 허락을 요청하기 위해 사신을 보내는 문제가 거론되
자 반대 여론이 들끓었다. '대국과 소국이 무역을 할 경우 소국이
손해를 볼 수밖에 없다.', '우리가 요청했으니 저들이 쌀을 가지고

와서 높은 값을 불러도 우리는 무조건 살 수밖에 없다.', '한번 시장을 열면 나중에 통제하기 힘들어질 것이다.'라는 현실적인 우려들도 있었지만, "원한을 잊은 채 부끄러운 줄도 모르고 구제를 애걸하여 우리의 약함을 보여 주고, 저들의 마음을 교만하게 만들었으니 흐르는 눈물을 걷잡을 수 없습니다."[58]라는 상소에서 볼 수 있듯이 원수에게 손을 벌려서는 안 된다는 명분론이 주된 반대 이유였다. 여기에 대해 숙종은 "나도 이 일이 내켜서 하는 것이 아니다. 온 나라의 백성들을 위한 만부득이한 계책이다."라며 반대를 물리친다. 하루에도 백성들이 수없이 죽어 나가고 있는 상황에서 군주가 되어 공허한 명분론만을 고집할 수는 없었던 것이다.

조선의 공식 요청이 있은 지 얼마 후인 4월 26일, 청나라의 이부시랑이 무상 구휼미 1만 석과 교역할 쌀 2만 석을 110여 척의 배에 나눠 싣고 중강에 도착했다.[59] 무상 구휼미를 1만 석이나 제공하고, 그것도 비싼 운반 비용을 감수하고 육로가 아닌 해상 운송을 통해 쌀을 보낸 것은 청나라로서는 상당히 성의를 보인 것이었다. 이에 대한 대가로 청나라가 요구한 것은 정식으로 황제에게 감사 인사를 해 달라는 것밖에 없었다. 그런데도 조선의 사대부들은 "저들의 말이 오만하고 패악하다."라며 부정적으로 보는 기류가 여전했다. 이미 기정사실화된 일이었지만 명분을 중시했던 사대부들로서는 도저히 받아들이기 힘든 상황이었던 것이다. 어찌 됐건 조선 조정은 청나라에서 들여온 쌀로 평안도, 함경도 지역의 백성들을 구휼하는 데 효과를 거두었고, 나아가 국가 전체의 대기근을 극복하는 데 큰 도움을 얻었다.

아무리 명분이 중요하다고 해도 그것이 공동체를 넘어설 수는 없다. 국가가 튼튼하게 자리하고 공동체의 구성원들이 존립할 수 있는 여건이 마련된 뒤에야 명분도 존재할 수 있는 것이다. 더욱이 국가의 가장 큰 명분은 국가의 자존심이 아니라 구성원들 그 자체이다. 구성원들을 지켜 내기 위해 어떠한 일도 할 수 있는 것, 그것이 군주의 도리이고 바로 진정한 명분을 따르는 일이기도 하다.

11 신념을 귀하게 여긴다

  여기 두 사람이 있다. 한 사람은 전 왕조를 무너뜨리고 새
왕조를 건국하는 데 주도적인 역할을 했다. 그는 새 왕조의 수도
를 건설하고 모든 법과 제도를 설계했다. 다른 한 사람은 새 왕조
의 가장 강력한 반대자였다. 쓰러져 가는 전 왕조를 지키기 위해
필사적으로 노력했으며 새 왕조의 건국자들을 죽음 직전까지 몰
고 가기도 했다. 그런데 앞의 사람은 새 왕조의 500년 내내 역적
취급을 받았고, 뒤의 사람은 만고의 충신으로 새 왕조의 정신적
모범이 된다. 앞의 사람이 역적이 된 것은 권력투쟁에서 패한 탓
이지만, 뒤의 사람이 새 왕조의 정신적 리더가 된 것은 이색적이

다. 두 사람은 정도전, 그리고 정몽주이다. 정몽주가 그런 위치에 오르게 된 까닭은 무엇일까.

역사 속에서 자주 등장하는 장면이 있다. 왕이 전쟁에 패한 상대편 장수나 멸망한 나라의 신하에게 항복할 것을 간곡히 종용한다. 하지만 상대는 "어찌 신하로서 두 임금을 섬기겠는가![忠臣不事二君]"라며 당당히 죽음을 맞이하고, 왕은 아쉬워하며 그를 죽이지만 극진하게 예우를 다하여 장례를 치러 준다.

어느 왕조든 창업을 한 후 나라가 안정이 되고 나면 전 왕조의 충신들을 높이 평가하는 작업을 한다. 신념에 따라 용기 있는 선택을 한 사람들을 예찬하는 것인데, 특히 왕조 교체기에 현 왕조의 건국을 막아서며 전 왕조를 지키고자 했던 충신들까지 떠받든다. 아이러니한 행동으로 보이지만 적어도 '충의'는 적군과 아군을 초월하여 존경받아야 할 신념이라고 생각했기 때문이다. 지금의 신하들이 그러한 정신을 본받길 바라는 이유도 있다.

태종이 보위에 오른 지 얼마 지나지 않아서 당대 최고의 권위 있는 학자 권근은 임금이 정치를 하면서 유념해야 할 6조목을 적어 태종에게 올렸다. 이 중 다섯 번째 항목에 정몽주를 높여야 한다는 내용이 나온다.

"뛰어난 재주와 밝은 식견을 가지고 있던 그가 어찌 천명과 민심이 어디로 향하고 있는지를 몰랐겠습니까. 어찌 고려가 곧

망하게 되리라는 것을 알아차리지 못하였겠습니까. 그리하여 자신의 목숨 또한 보전되지 못하리라는 것도 이미 알았을 것입니다. 하지만 그럼에도 불구하고 그는 마음을 한결같이 하여 섬기던 이를 끝까지 섬겼으며 절의와 지조를 지켜 목숨까지 바쳤습니다. (중략) 한통(韓通)은 주나라를 위하여 송나라에 대항하다가 죽었는데도 송 태조가 추증하였고, 문천상(文天祥)은 송나라를 위하여 원과 싸웠는데 원 세조가 또한 그를 추증하였습니다. 정몽주가 고려를 위하여 죽었지만, 오늘 마땅히 그를 추증해야 할 것입니다."[60]

비록 정몽주가 조선의 건국에 반대하기는 했지만, 그의 신념과 고려의 왕에게 바쳤던 충성을 기리는 의미에서 그를 복권하고 관직을 내려야 한다는 것이었다. 권근이 한통과 문천상을 예로 들며 이 문제의 정당성을 강조하기는 했지만, 정몽주의 경우는 단순한 사안이 아니었다. 왕조가 교체될 당시 한통과 문천상의 역할은 제한적이었다. 이들로 인해 대세가 바뀔 정도는 아니었다는 말이다. 이에 비해 정몽주는 반(反)이성계 세력의 수장이었다. 이성계가 낙마 사고로 조정에서 물러나 있었을 때 정몽주는 대대적인 역공을 벌여 이성계 세력을 전멸 직전까지 몰고 갔다. 만약 이때 정몽주가 성공했더라면 조선은 건국되지 못했을 것이다. 정몽주는 조선 건국의 최대 역적이자 방해자였던 것이다.

더욱이 태종은 정몽주를 참혹하게 살해한 당사자이다. 충의를 높여 주는 일이 아무리 중요해도 정몽주를 복권하여 관직을 추증한다는 것은 조선 건국의 정당성을 부정하며 태종을 비난하는 것으로 받아들여질 소지가 있었다.

권근의 건의에 대해 태종은 별다른 언급을 하지 않았다. 그러다 열 달이 지난 뒤에야 비로소 "권근의 말을 좇아" 정몽주를 신하 중 최고위직인 영의정부사(領議政府事)에 추증한다.[61] 직접적으로 아무런 말도 하지 않았기 때문에 정확히 알 수는 없지만 아마도 태종은 선뜻 내키지 않았을 것이다. 다만 충의와 신념을 높이 평가해야 한다는 명분을 거절할 수 없었으리라고 본다. 여하튼 태종이 정몽주를 추증함으로써 '조선 건국의 역적'이었던 정몽주는 '만고의 충신'으로 부활하게 되었다.

이후 중종이 정몽주를 문묘(文廟)에 종사하면서 정몽주의 위상은 더욱 격상되었다. 공자의 위패가 모셔져 있는 문묘의 대성전(大聖殿)에는 공자의 제자들과 맹자, 주자를 비롯하여 성현으로 추앙받은 역대 유학자들의 신위가 함께 안치되어 있다. 여기에 정몽주가 추가됨으로써 정몽주는 이제 '성현'의 반열에까지 오르게 된 것이다.

리더에게는 두 가지 길이 있다. 신념에 따른 길을 걷는 것과 현실의 길을 걷는 것. 이 두 가지를 일치시키거나 조화시킬 수 있다면 좋겠지만, 신념과 현실은 자주 분리되기 마련이다. 이때 리더는 자신의 신념에 따라 공동체를 이끌고 나가려는 사람과, 공동체가 처해 있는 현실에 따라 신념을 변화시키는 사람으로 나뉜다. 삶의 현장을 움직이는 것은 대부분 후자가 담당하게 되는데, 전자가 공동체가 나아가야 할 모범 답안을 내놓기는 하지만 그 답안이 현실에 적용될 수 있느냐는 다른 문제이기 때문이다. 궁극적으로는 그 모범 답안을 향해 나아가야 하더라도 현실과의 괴리를 좁히지 않는 한 그것은 몽상일 뿐이고, 심지어 공동체를 위험에 빠트릴 수 있다.

　　하지만 숭고한 이상과 그에 대한 신념은 분명히 존경받을 가치가 있으며, 정치는 궁극적으로 그것을 지향점으로 하여 현실을 개선해 나가야 한다. 그러지 않고 오로지 현실만 강조하다 보면 정치는 방향성을 잃고, 의로움과 인간다움도 잃게 된다. 그러한 정치는 더 이상 인간을 위한 것이 아니다. 군주들이 비록 정적이라도 신념을 갖춘 이들을 높게 평가했던 것은 이 때문이다.

12 과오를 바로잡아
원한을 남기지 않는다

"반역을 꾀한 여인 강씨는 타고난 성품이 음험하고 간사하여 몸가짐이 거칠었다. (중략) 심양(瀋陽, 소현세자와 봉림대군 등이 청나라에 볼모로 끌려갔던 곳)에 있으면서 왕위를 바꾸려는 흉측한 음모를 꾸몄으며 참람하게도 '전(殿, 임금이나 중전이 거처하는 곳)'의 칭호를 사용하였다. 애당초 나쁜 마음을 품고 있었으니 무슨 짓인들 못하겠는가. 세자의 죽음에 대한 슬픔을 빙자해 큰 소리로 울부짖어 감히 임금의 존엄을 범하였고 (중략) 저주를 하고자 궁궐 안에 흉측한 물건을 파묻은 것만으로 이미 매우 참혹한데, 수라에 독까지 넣었으니 어찌 이처럼 극악한 지경에 이르렀단 말인가."[62]

"소현세자빈은 아름다운 행실을 갖추었고 즐겁고 온유한 마음으로 웃전을 섬겼다. 오랑캐들이 침입하여 나라가 위태로운 지경에 이르자 강화도로 피난하여 온갖 험난한 일을 겪었으며, 심양에 볼모로 가서 여러 해를 보내었다. 학가(鶴駕, 왕세자가 타고 다니는 수레로, 소현세자를 가리킴)가 귀국하시고, 고생하다 편안하게 된 지얼마 되지 아니하여 갑자기 불행한 일이 있었다. (중략) 아! 그런데 나라의 운수가 더욱 불우하여 궁궐 안에 거듭 액운이 닥치는 변고가 있었으나, 그 요사스러운 것을 어찌 빈이 하였겠는가. 모함하고 이간하는 짓들이 극심했기 때문이다."[63]

이 상반되는 두 기록은 동일한 사람에 대한 것이다. 바로 병자호란 때 볼모로 끌려갔던 소현세자의 빈 강씨이다. 소현세자는 귀국한 지 얼마 지나지 않아 독살 의혹을 남기며 세상을 떠났고, 곧이어 세자빈 강씨는 인조를 시해하려 했다는 죄로 사사되었다. 인조는 이상하리만큼 강빈을 싫어했는데, 강빈에게 거론된 죄목들도 인조의 주관적인 주장과 일방적인 추측에 의한 것이었다. 그래서 당시에도 많은 논란이 있었으며, 강빈은 사람들로부터 동정을 받았다.

권력의 이면에는 억울한 일을 당한 사람들이 생겨나기 마련이다. 권력을 지켜 내기 위해, 집단의 존립과 이익을 위해 수단과 방법을 가리지 않다 보면 그 과정에서 수많은 사람들의 원망과 한이 서린다. 서로에게서 뺏고 지켜 내는 치열한 권력투쟁이 벌어진 경우는 더 말할 나위도 없다.

이처럼 원한이 계속 쌓이면 구성원들 간의 갈등이 심화되고 나라는 통합된 힘을 발휘할 수가 없게 된다. 과거의 사건들이 현재의 발목을 잡느라 앞을 향해 나아갈 수도 없다. 어두운 그늘에 자리한 사람들을 복권하고 그들의 억울함을 풀어 주는 노력이 필요한 것은 이 때문이다.

강빈은 인조의 증손자인 숙종 대에 가서야 신원(伸寃)된다. 숙종은 "내가 강빈의 옥사에 대해 마음속으로 슬퍼해 온 지가 오래다. 원통함을 알고서도 그 억울함을 씻어 주지 않는다면 어찌 옳은 일이겠는가!"라며 강빈을 복권시키고 시호를 내려 주었다.[64] 숙종은 권력이 원한을 남겼다면, 그것이 아무리 부득이한 일이었고 선왕의 결정에 따른 것이었다 해도 그 원한을 풀어 주어야 한다고 생각했다. 때문에 정치적 부담을 감수하면서까지, 역사의 대결에서 패배하거나 원망과 한을 품고 죽은 이들을 되돌아보면서 복권시켜 준 것이다.

이러한 조치는 증조부인 인조의 결정을 정면으로 뒤집는 것이다. 선왕의 결정을 바꾸는 것은 불효로서, 임금도 해서는 안 되는 일이었다. 숙종도 이 점 때문에 고심했던 것 같다. 숙종은 강빈의 옥사를 "인조와 강빈 사이를 모함하고 이간질한 역신들의

잘못"으로 돌리고 "선왕께서도 강빈을 불쌍히 여기셨다."라는 말
로 자신이 내린 결정의 정당성을 강조했다.

숙종의 신원 작업은 강빈에게만 국한되지 않았다. "우리 조
정의 열성조(列聖朝)들은 모두 묘호(廟號)가 있는데 유독 공정(恭
靖)대왕만이 빠졌으니 참으로 나라의 체면이 말이 아니다."[65]라며
조선의 역대 군주 중 유일하게 묘호를 받지 못하고 있던 공정왕에
게 '정종(定宗)'이라는 묘호를 올렸다. 정종에게 묘호가 없었던 것
에 대해 "태종의 깊으신 뜻이 있었을 테니 함부로 의논할 수 없다.
세종께서도 이 문제를 거론하지 않으셨다."라는 이유로 반대하는
신하들이 있었지만[66] 그렇다고 태종이 왜 묘호를 올리지 않는지
명시적으로 이유를 밝힌 적도 없으며[67] "태종께서 스스로를 높이
기 싫어하는 공정왕의 성품을 잘 알아 묘호를 올리지 않았지만 태
종의 마음도 편치 않았을 것"[68]이라는 당시 예학의 최고 권위자 송
시열의 해석을 빌려 뜻을 관철시켰다.

숙종은 1차 왕자의 난 당시 태종에게 죽임을 당한 태종의
이복형제 방과와 방석을 각각 무안대군(撫安大君)과 의안대군(宜安
大君)으로 추증했고[69] 세조에 의해 폐위된 노산군도 '단종(端宗)'으
로 복권시켰다. 노산군을 왕으로 회복시킨 문제는 강빈을 신원하
는 것과는 차원이 달랐다. 강빈 문제가 인조가 내린 조치 '하나'에
대한 논란이라면, 노산군 문제는 세조의 '전체', 즉 세조의 왕위

등극의 정당성 자체를 문제 삼은 것으로 받아들여질 수 있었기 때문이다. 그래서 숙종은 세조의 등극은 하늘의 뜻에 따른 것이었고 단종도 이것을 알았기 때문에 보위를 양보했다는 점을 거듭 강조하고 단종의 폐위는 "세조의 본뜻이 아니며" 단종을 복권하면 "세조의 아름다운 덕이 더욱 크게 빛날 것"이라는 말로 상황을 정리했다.[70]

이 밖에 숙종은 사육신도 신원해 준다. "저 육신(六臣)이 어찌 천명과 민심을 거스를 수 없다는 것을 몰랐겠는가. 그래도 자신들의 왕을 섬기기를 죽어도 후회하지 않았으니, 이는 아무나 할 수 있는 바가 아니다." "세조께서도 육신을 두고 당세에는 난신이나 후세에는 충신이라고 분부하셨다."[71] 세조의 반대편에 섰던 정치적 입장은 묻어 두고 사육신의 충성을 높이 평가한 것이다. 그리고 태종에게 폐세자를 당한 양녕대군에 대해서도 사당을 짓고 묘호를 올리며 행장(行狀)을 편찬하도록 하는 등 예우를 다해 주었다.[72]

과거를 반성하고 피해자들의 명예를 회복시켜 준다고 해도 이미 지나간 과거는 바뀌지 않는다. 없었던 일이 될 수도 없다. 하지만 바이츠제커의 말처럼 과거에 대해 눈감는 사람은 현재도 바라볼 수 없는 법이다. 숙종이 피해자에게 먼저 손을 내밀고 역사의 어두운 이면을 직시하겠다는 의지를 보여 줌으로써, 조선의 과거와 현재는 마침내 화해의 첫걸음을 내딛을 수 있게 되었다.

3부 용현 用賢

일을 도모할 때는
먼저 사람을 살피라

"천하의 어진 사람들을 기용하는 것을 급선무로 삼는 까닭은
임금의 경험이 미치지 못하고 생각과 판단이 부족한 점을 넓혀 주며
행동하고 처신할 때 조금이라도 잘못이 있으면
어진 이들이 이를 바로잡아 주길 원해서이다."

— 주자

13 절실한 마음으로
인재를 찾는다

제(齊)나라 경공이 자신에게는 왜 관중(管仲) 같은 신하가 없느냐고 탄식하자 어느 신하가 말했다. "물이 넓으면 그 속에 사는 고기도 큰 법입니다. 환공 같은 군주가 계셨기에 관중 같은 인물이 있을 수 있었습니다. 지금도 만약 여기에 환공이 계셨다면 여기 모인 신하들은 모두 관중이었을 것입니다."[73] 인재가 없다고 탄식할 것이 아니라 인재를 알아보지 못하고 담아내지 못하는 군주 자신부터 반성하라는 일침이다.

어떤 조직이든 마찬가지이겠지만 국가를 경영하는 데 가장 중요한 것은 인재이다. 왕 혼자서 온 나라를 다스리고 모든 업무를 처리할 수는 없다. 각 업무마다 그 일을 가장 잘 해낼 수 있는 인재들을 배치해야 국정을 차질 없이 운영하고 국가의 역량을 최대화할 수 있다. 그래서 공자는 "정치는 인재를 얻는 데 달려 있으니, 현명한 사람을 등용하지 않았는데 정치를 잘할 수 있는 사람은 없다."라고 했고[74] 세종도 "정치를 함에 있어서 인재를 얻는 것이 급선무이니, 그 직무에 적임자인 관원을 선발한다면 모든 일이 다 잘 다스려질 것이다."라고 한 것이다.[75]

어떻게 해야 그런 인재들을 찾아내 등용할 수 있을까. 세종은 인재가 있어도 쓰지 못하는 세 가지 경우가 있다고 했다. 군주에게 인재를 알아보는 눈이 없는 것, 군주에게 인재를 절실하게 구하고자 하는 자세가 없는 것, 군주와 인재의 뜻이 서로 맞지 않는 것, 이 세 가지이다.[76] 이 중 첫 번째와 두 번째는 사실 하나로 연결된다.

동양에서는 인재를 찾는 사람의 마음가짐과 노력을 가장 중요하게 생각했다. 『논어』에는 "열 집밖에 살지 않는 아주 작은 고을에도 반드시 충성과 신의를 갖춘 사람이 나온다."라는 구절이 나온다.[77] 작은 동네에도 얼마든지 인재가 있으니 나라 안에 인재가 없다고 걱정하지 말라는 것이다. 순자는 "임금의 우환과 고난은 현명한 사람을 등용하겠다고 말하지 않는 데 있는 것이 아니라 진심으로 반드시 현명한 이를 등용하겠다고 생각하지 않는 데 있다."라고 했다.[78] 말로만 좋은 인재를 뽑겠다고 해서는 소용이 없다. 인재는 없는 것이 아니라 발견하지 못한 것이다. 진심으로 인재를 갈구하고 반드시 인재를 찾아내겠다는 마음을 가져야 인재가 눈에 들어온다.

정조도 인재를 향한 군주의 자세를 강조했다. "그 시대의 일들은 그 시대의 인재들로 충분히 감당해 낼 수 있다. 매번 옛 사람들을 우러러보기만 하면서 따라 오를 수 없다고 하고 지금의 사람들은 자질이 낮아서 일을 하기에 부족하다고 하는데 이는 잘못이다."[79] "진정으로 인재를 좋아한다면 어찌 인재를 구하고도 얻지 못할 일이 있겠는가."[80] 하늘은 항상 그 시대의 과업들을 훌륭히 수행해 나갈 수 있는 인재들을 내려 준다. 그런 인재들을 찾아낼 생각은 하지 않고 옛날과 비교하며 왜 지금 내게는 뛰어난 인재들이 없느냐고 불평만 하지 말고 그럴 시간에 절실한 마음을 가지고 인재를 찾으라는 것이다. 군주의 마음이 절실하면 인재는 자연스레 발견되고 나아가 인재가 먼저 스스로 군주를 찾아오게 된다는 것이 정조의 생각이었다.

인재에는 여러 종류가 있다. 인품과 재능이 모두 완벽한 군자(君子)가 있고, 군자이지만 특정 부분만 잘하는 인재, 소인(小人)이기는 하지만 어떠한 영역에서는 특출한 능력을 발휘하기 때문에 버리지 말고 활용해야 할 인재가 있다.

수천, 수만에 이르는 관직 모두를 인품과 능력을 함께 갖춘 군자들로 채울 수 있다면 좋겠지만 그처럼 완벽한 인재는 그렇게 많지 않다. 따라서 군주는 나머지 인재들을 잘 변별해 내는 것도 중요하다. 이들이 가진 강점과 약점을 확인할 수 있어야 하는데, 이 역시 군주가 자신의 마음을 객관화해 차분히 인재를 저울질하면 가능하다는 것이 동양 군주론의 입장이다. 인재들의 강점을 어떻게 하면 더 강화하고 역량을 최대한 끌어낼지, 약점을 어떻게 하면 억제시키고 통제할지에 대해 절실한 마음을 가지고 고민하라는 것이다. 그래서 해당 직무를 가장 잘 해낼 수 있는 사람, 해당 관직에 가장 잘 어울리는 사람을 뽑아야 한다. 이것은 오로지 군주에게 달린 것이니, "인재는 예나 지금이나 오로지 위에 있는 사람이 어떻게 인도하고 이끌어 주느냐에 달려 있을 뿐이다. 인재가 가진 모두를 가져오는 경우도 있고 한 가지 재능만 활용하는 경우도 있을 것이다. 현명한 자와 불초한 자, 지혜로운 자와 어리석은 자, 높은 자와 낮은 자를 각기 그 쓰임에 맞게 배치하는 것이니 결국 단 한 사람이라도 쓰지 못할 사람이란 없다."[81]라는 정조의 말을 잘 기억할 필요가 있다.

이에 대해서는 문종도 의견을 남겼다. "사람의 인의와 덕망만 쓰고 탐욕은 버려야 할 것이며, 사람의 용맹함과 힘만 쓰고 분노는 버려야 할 것이며, 사람의 지혜만 쓰고 거짓을 꾸미는 일은 마땅히 버려야 할 것이다. 수레를 뒤집어엎을 정도로 사나운 말과 차분하지 못하여 제멋대로 행동하는 선비라 할지라도 한 가지 재능만 있으면 또한 소중히 여겨 임용해야 한다."[82] 군주는 사람들이 가진 장점을 최대한 발휘하도록 여건을 만들어 주고 단점은 약화시킴으로써, 이들이 '진정한 인재'로 거듭날 수 있도록 만들어 주어야 하는 것이다.

다만 임금이 모든 인재를 찾아내고 구별해 내는 것은 불가능하다. 그래서 인재 선발 실무를 담당하는 '전관(銓官)'의 역할을 강조했다. '전(銓)'은 저울질해서 균형추를 잡는다는 뜻의 한자로, 균형추를 잡아 가듯 차분히 인재를 저울질하라는 의미에서 전관이라고 불렀다. 정조는 전관들에게도 인재를 찾기 위한 절실한 마음 자세를 갖출 것을 요구했다. 과거 시험 성적과 인사고과만 보고 선입견으로 사람을 대하지 말고, 평소에도 숨어 있는 인재는 없는지, 놓치고 있는 인재는 없는지, 잘못 판단하고 잘못 배치하여 역량을 제대로 발휘하지 못하고 있는 인재는 없는지 절박한 심정으로 살펴보라는 것이 정조의 당부였다.

14 차별 없이 인재를 등용한다

"주치당은 아전 출신으로 수령이 되었는데, 수령은 백성들과 가까이 마주해야 하는 직책이니 살펴 고르지 않을 수 없습니다. 이와 같은 사람을 임명한다면, 어찌 백성들을 다스릴 수 있겠습니까?"

"그 사람이 현명한지 아닌지의 여부를 살펴야지, 어찌 아전 출신인 점에 구애되어 임명하지 아니하겠느냐?"[83]

문종이 은율 현감 자리에 주치당을 임명하자 신숙주가 주치당의 신분을 들어 반대하고 나선다. 이에 문종은 관직을 임명할 때는 능력이 가장 중요한 것이 아니냐고 되묻는다.

인재는 지역이나 신분을 가려서 태어나지 않는다. 양반 중에도 어리석은 사람이 있고 천민 중에도 뛰어난 능력을 갖춘 인재가 있을 수 있다. 하지만 조선은 엄격한 신분제도의 규제를 받았다. 사람들은 자신의 신분에 따른 '분수'를 지키며 살아야 했고 하위 계층에 아무리 뛰어난 인재가 있어도 대부분 이 질서를 넘어서지 못했다. 양반층은 자신들의 기득권을 유지하기 위해 신분제 질서를 흔드는 사례를 용납하지 않았다.

좋은 인재를 얻는 것이 최우선인 군주의 입장은 조금 달랐다. "좋은 옥은 진흙에 버려져 있어도 광택이 변하지 않는 법이다."[84] 신분이 어떠하든 간에 국가에 공헌할 수 있는 능력을 갖춘 인물이라면 관직을 주어 그 재주를 높이 쓰고 싶은 것이 리더의 당연한 생각이다. 세종은 많은 반대에도 불구하고 관노비 출신인 장영실의 공학 재능을 높이 평가하여 종3품 대호군의 벼슬을 내렸고, 장영실은 자동 물시계인 자격루와 옥루를 만들고 간의대, 앙부일구, 갑인자 등 세종 대의 과학기술 발전에 지대한 공헌을 했다. 『동의보감』을 편찬한 허준은 서자였지만 신하가 오를 수 있는 최고위 등급인 정1품 보국숭록대부를 지내기도 했다.

이러한 사례가 있을 때마다 신하들은 벌 떼같이 일어나 반발했다. 아무리 공이 있다고 해도 '천한 사람'에게 분수를 벗어난 일이라는 것이다.

물론 조선 시대에는 평민들도 관직에 나아갈 수 있었다. 내관이나 전문직인 역관, 의관에 진출할 수 있었고 당상관에 오를 수도 있었다. 하지만 그 숫자는 극히 적었을 뿐 아니라, 양반들은 절대 이들을 동격으로 생각해 주지 않았다. 견고한 유리천장이 존재했던 것이다.

때문에 조선에서는 신분의 한계에 가로막혀서 꿈을 펼칠 수 있는 기회조차 얻지 못하는 사람들이 많이 나왔다. 특히 양반의 서얼들이 심했다. "아버지를 아버지라 부르지 못하고, 형을 형이라 부르지 못한다." 허균의 소설 『홍길동전』에 나오는 이 대목이 서얼의 처지를 단적으로 보여 준다. 다른 신분의 경우 아예 체념하고 살았겠지만 이들은 아버지가 양반이었기 때문에 정실의 소생인 다른 형제들과 비교하며 자신의 처지를 비관했다. 적자 형제들과 비교해 '우선 순위'의 차이가 아니라 '귀하고 비천함'의 차별을 받게 되면서 이들의 불만은 매우 깊어졌다. 일부는 울분에 가득 차 세상을 원망하다가 역모, 도적질 등 잘못된 길을 걷기도 했다.

조선의 군주들은 서얼의 신분적 제약을 철폐하여 이들이 관직에 나아갈 수 있도록 해 줌으로써 서얼들이 가지고 있는 불만을 해소하고 활용할 수 있는 인재의 범위를 넓히고자 했다. 조광조, 이언적, 이이, 이원익, 송시열 등 역대의 뛰어난 신하들도 이를 지지했지만 조선 말기에 이르기까지 사대부 주류의 의견은 어디까지나 서얼 등용 반대였다. 서얼에 대한 차별을 없앨 경우 적자와 서자의 구분이 문란해져서 신분 질서와 기강이 흔들릴 수 있다는 명분에 더해, 서얼이 과거에 응시하고 관직에 등용되면 그만큼 자신들의 몫이 줄어들 것이라는 우려가 있었기 때문이다.

하지만 왕들은 강력한 반대 여론과 그로 인한 충돌을 감수하면서 서얼 차별 철폐를 지속적으로 추진했다. 서얼에 대한 차별이 유교적 신분 질서에 의한 것이라지만, 동시에 훌륭한 인재는 신분의 높낮음을 막론하고 찾아내 등용해야 한다는 것이 공자와 맹자가 가르친 유교의 근본 이상이기도 하다. 서얼의 관직 진출을 막는 것은 여기에 어긋나는 것이다. 더욱이 군주에게는 모든 만물이 각자 자신의 자리를 찾아 잠재된 가능성을 모두 발휘할 수 있도록 육성해야 하는 책임이 있었다. 서얼의 불만과 원망을 해소하고 능력을 발휘할 수 있는 기회를 주는 것도 왕의 의무라 할 수 있는 것이다. 물론 여기에는 사대부들의 기득권에 반감을 갖고 있는 서얼들을 관직에 등용함으로써, 기존의 신하들을 견제하는 새로운 세력을 양성하겠다는 의도도 있었을 것이다.

그리하여 인조는 "서얼을 억누르는 것은 있을 수 없는 일로 이 문제를 개혁하는 일을 그만둘 수 없다."[85]라고 서얼 차별 철폐의 의지를 천명했고, 숙종은 양반이 사용하는 '유학(儒學)'이란 명칭을 서얼의 자손들도 사용할 수 있게 해 주었다. 적어도 호칭에서만큼은 서얼 출신임이 구별되지 않게 만들어 차별을 완화하겠다는 뜻이었다. 영조는 서얼이 진출할 수 있는 관직의 종류와 숫자를 대폭 늘렸고 실제 서얼 등용 상황을 지속적으로 점검했다. 정조의 경우에는 자신이 펼쳐 갈 개혁 정치의 중심이었던 규장각에 서얼 인재들을 대거 발탁하기도 했다.

서얼 차별 폐지는 고종 대에 가서야 완전히 이루어졌다.[86] 관직에 등용하는 문제뿐 아니라 사회적으로도 모든 차별을 없애도록 한 것이다. 물론 이것은 법과 제도에 의한 것일 뿐, 사람들의 머릿속에 담겨 있는 차별 의식까지 해소하지는 못했다. 하지만 적어도 공공 영역에서의 차별 철폐는 무리 없이 안착되었는데, 이는 왕들의 오랜 노력이 있었기 때문에 가능했다. 안타까운 것은 그 시간이 너무나 오래 걸렸다는 점이다. 때문에 많은 인재들이 신분의 한계에 갇혀 포부와 능력을 펼쳐 보지도 못한 채 사그라져야 했고, 그것은 국가적으로도 크나큰 손해였다.

"우리나라가 비록 출신 가문의 지위와 신분을 중요하게 생각하지만, 정도전은 서자인데도 재상의 자리에 올랐고, 유극량은 다른 사람의 노비였는데 대장군이 되었으며, 구종직 같은 이도 먼 지방에 사는 가난한 선비였으나 갑작스레 요직에 올랐다. 이는 선대왕들께서 현인을 등용함에 있어 고정된 틀에 얽매임이 없으셨기 때문에 이룬 위대한 덕으로, 옛 풍속이 지금과는 달랐음을 생각해 볼 수 있다. (중략) 우리나라는 편벽되고 협소하여 온 나라를 통틀어 현명한 재능을 갖춘 인재를 찾아내 선발해도 오히려 그 숫자가 적을까 걱정인데, 편벽되고 협소한 중에서 서얼을 제외한다면 이미 온 나라의 반을 잃은 것이고, 그 반수 중에 또 향곡(鄕曲) 거주자들을 제외한다면 남은 것은 반의 반수뿐이다. 여기에 다시 문벌 수준을 두고 이래저래 나눈다면, 국가를 위해 쓸 수 있는 인재는 대체 몇이나 되겠느냐."[87]

정조의 말이다. 신분이나 출신지뿐만 아니라 나이 등 어떤 기준이라도 제한 조건을 두는 것은 처음부터 인재 등용의 선택지를 크게 좁혀 버리는 일이 된다. 인재를 선발할 때 유일하게 둘 수 있는 차별은 맡은 일을 잘 해낼 수 있느냐 없느냐의 여부이다.

15 신뢰를 쌓아
인재의 마음을 얻는다

공자는 나라의 존립을 위해 가장 필요한 것으로 백성과 국가 간의 신뢰를 꼽았다. 구성원들의 신뢰가 바탕이 되지 않는다면 국가도 제대로 작동하지 못한다는 것이다.

신뢰는 공동체와 구성원 간, 개인과 개인 간의 원활한 커뮤니케이션을 돕는 중요한 역할을 한다. 리더와 구성원들 사이에서도 마찬가지이다. 서로에 대한 신뢰가 없다면 상대방의 생각과 의도를 파악하는 데 시간이 걸리고, 본래의 의도와는 상관없이 오해가 쌓일 수 있다. 반대로 굳건한 신뢰가 있다면 설령 어느 한쪽이 납득할 수 없는 행동을 해도 '그렇게 한 데는 다 이유가 있을 것'

이라고 믿게 되고, 질책을 해도 순수하게 받아들인다. 자신에게 해악을 줄 리 없다는 믿음이 있기 때문이다. 신뢰는 리더가 인재의 마음을 얻고 인재를 움직이는 데 필수적인 요소이다.

1519년 추운 겨울, 귀양지에 있던 한 젊은 선비가 왕이 내린 사약을 마주했다. 그는 왕이 자신을 죽이려 한다는 사실을 도저히 믿을 수가 없었다. 불과 한 달 전까지만 해도 왕은 아버지와 같은 정을 보여 주며 격려와 지원을 아끼지 않았기 때문이다. 그래서 선비는 "죽이라는 말씀만 있고, 그 내용이 담긴 교지는 없소?"라고 물었다. 혹시 자신을 미워하는 세력들이 중간에서 농간을 부린 것이 아닐까 의심을 한 것이다. 하지만 임금의 직인과 수결이 적혀 있는 문서가 눈앞에 펼쳐지자 선비는 체념한 듯 사약을 마셨다. "어버이를 사랑하듯 임금을 사랑하였고, 내 집안을 근심하듯 나랏일을 근심하였다. 밝은 태양이 이 세상을 굽어 살피니 나의 충정을 환히 비추어 주리라."[88] 그가 죽기 직전 남긴 시에는 임금과 나라를 향한 자신의 충심이 오해된 것에 대한 슬픔이 담겨 있다.

선비는 조광조이고 그에게 사약을 내린 군주는 중종이다. 1515년 성균관 유생들을 대상으로 실시한 알성문과(謁聖文科) 시험에서 중종은 조광조가 제출한 답안지를 보고 크게 감동했다. 이후 조광조는 중종의 전폭적인 지원을 받으며 관직에 진출했고 3년 만에 대사헌에 오르는 등 파격 승진을 거듭하며 개혁 정치의 선봉에

섰다. 하지만 대사헌이 되고 난 지 불과 1년 후, 조광조는 중종에 의해 전격적으로 제거당했다.

　중종이 조광조를 실각시킨 이유에 대해서는 조광조가 너무 과격해서, 이상만을 강조하는 조광조에게 염증을 느껴서, 조광조의 개혁에 반대한 기득권 세력의 반격 때문에, 왕권 약화를 우려해서 등 여러 가지 주장이 있다. 그런데 조광조가 왜 제거당했느냐를 논의하기에 앞서 보다 중요한 문제는 중종이 보인 태도와 절차상의 문제점들이다. 중종은 비밀리에, 비정상적인 방법으로 신하를 죽이려 하였고, 이 과정에서 책임을 떠넘기는 등 리더로서 함량 미달의 모습을 보였다.

　1519년 11월 15일, 한밤중에 중종은 승정원을 거치지 않고 일부 대신들을 소집하여 대사헌 조광조, 형조판서 김정, 대사성 김식 등을 잡아 가두라고 명령했다. 그리고 "일이 이미 정해졌으니 중간에서 지체하여 어린아이 장난처럼 되어서는 안 된다. 빨리 조광조를 죽이라는 교지를 전하라."라고 지시한다. 조광조 등이 무슨 죄를 지었는지 설명하지도 않은 채 무조건 처형을 집행하라고 재촉한 것이다. 하지만 이 소식을 듣고 급히 입궐한 영의정 정광필이 결사적으로 반대하여 처형은 보류되었고, 날이 밝으면서 논의는 의정부와 육조 당상관이 모두 참여한 자리로 넘어갔다.

　중종은 조광조의 죄가 "붕당을 형성하여" "권력과 요직을 차지하고 과격한 말과 행동으로 조정을 잘못된 방향으로 이끌어 간"데 있다고 규정했다. 그러자 정광필이 "저들은 모두 임금께서 직접 발탁하여 높은 자리에 임명한 자들로, 전하께서는 그들이 하는 말들을 다 들어주셨습니다. 그런데 하루아침에 죄를 준다면 이는 함정에 빠트리는 것과 비슷합니다."라고 반박했다. 조광조를 적극 지원한 것이 다른 누구도 아닌 중종 자신이었으니, 만약 조광조가 정사를 어지럽힌 죄가 있다면 그것은 결국 중종의 책임이라는 지적이었다.

이어 정광필은 누가 이 사태를 일으킨 것인지를 물었다. 절차상 하자가 명백해 보였기 때문이다. 이에 대해 중종은 "조정 대신들이 조광조 등이 나랏일을 그르친다 하여 죄주기를 청하므로 죄주는 것이다."라고 대답한다. 그러자 신하들은 조광조를 죄주라고 청한 대신이 누구인지 밝히라고 요구했다. "평범한 사람도 일처리가 공정하고 정당해야 하는 법인데, 하물며 임금은 어떠하겠습니까!" "대저 은밀히 아뢰는 신하란 간사한 자가 아니면 망령된 자입니다." 정정당당하다면 왜 공론을 거치지 않고, 비밀리에 왕에게 주청했느냐는 것이다.[89]

이러한 가운데 사건의 진상이 드러났다. 홍경주, 심정, 남곤 등이 15일 밤 몰래 궁궐에 들어가 임금과 함께 조광조를 제거하는 문제를 논의한 다음, 다시 나와 이번에는 공개적으로 입궐해서 조광조를 죄주라고 청하여 마치 임금은 개입하지 않고 조정에서 죄주라고 했기 때문에 처벌하는 모양새를 연출하였다는 것이다. 중종이 홍경주에게 밀지를 내렸다는 의혹까지 제기되었다. 중종은 부인했지만 실록에는 사실로 기록되어 있다.

상황이 이처럼 전개되자 11월 18일, 대간에서 중종을 강력히 비난하는 상소를 올렸다. "임금의 위엄으로 무엇이 어렵기에 어두운 밤에 밀지를 내려서 비밀리에 하십니까? 신임한다면 정성으로 대하여 의심하지 않아야 하고, 죄가 있다면 분명하고 바르게 죄를 정해야 할 것인데, 겉으로는 친근하게 대하고 신임하는 듯한 태도를 보이시면서 속으로는 제거하려는 마음을 품으셨으니, 임금의 마음이 이러한 것은 나라가 망할 조짐입니다."

그러자 중종은 자신이 처음 기획한 것은 아니지만 임금으로서 최종 결단한 것이므로 더 이상 왈가왈부하지 말라며 논의를 차단하려 했다. 또한 "조광조는 각박하게 정치를 시행하여 세상의 인심과 형편을 거슬렀다."라며 처벌의 정당성을 거듭 강조했다. 그리고 조정에 책임을 돌린다. "일이 이렇게까지 된 것은 조정에서 미리미리 대처를 하지 않았기 때문이다." 하지만 조광조를 복권시키려는 움직임이 조정과 유생들 사이에서 전방위적으로 계속되었고, 자신의 잘못을 도저히 인정할 수 없었던 중종은 끝내 극단적인 결정을 내리게 된다. 조광조를 사사하도록 한 것이다.[90]

훗날 이이는 조광조가 너무 날카롭고 급진적이었으며 임금의 마음을 바로잡지 못한 점이 애석하다고 평가했다. 이황도 조광조의 자질이 뛰어나긴 했지만 학문과 덕량이 부족한 상태에서 고위직에 올랐기 때문에 일 처리에 아쉬운 점이 있었다고 평가했다. 그런데 이렇게만 보게 되면 조광조의 좌절은 오로지 그의 잘못으로 귀결되어 버린다. 신하가 지나친 점이 있다면 그것을 잘 조절해 주어서 단점은 줄이고 장점은 극대화해 주어야 하는 것이 임금이 해야 할 몫이다. 조광조에게 문제가 있다면, 조광조를 발탁하고 일시적으로나마 절대적인 지지를 보내 주었던 중종이 나서서 조정해 주어야 했다.

하지만 중종은 그러기는커녕, 어느 날 갑자기 얼굴을 바꿔서 조광조를 제거해 버린 것이다. 그것도 투명하지 못한 절차와 비정상적인 수단으로, 변명과 책임 회피로 일관하면서 말이다. 인재에게 진심을 주지 못하는 리더, 모든 것을 다 내줄 듯 행동하다가도 일순간 태도를 바꿔 배신을 하는 리더를 위해 헌신할 인재란 없다. 이로 인해 중종은 조광조를 통해 정치를 개혁할 기회를 놓쳤을 뿐만 아니라, 많은 인재들의 마음까지 떠나게 만들었다.

16 갈등을 관리하여
선의의 경쟁을 유도한다

리더는 수많은 사람들을 거느린다. 이 사람들이 모두 같은 생각을 하지는 않는다. 리더라는 중심축이 있어도 환경적 요인, 개인적 요인 등으로 인해 구성원들 사이에 갈등이 발생하기 마련이다.

갈등을 일으키는 환경적 요인은 공급되는 자원이 한정되어 있다는 점이다. 관직에 나가고 싶어 하는 사람은 많지만 관직의 숫자에 한계가 있기 때문에 수요가 충족되지 못한다. 그래서 개인이나 세력 간에 관직을 더 많이 확보하려고 경쟁을 하게 된다. 경쟁이 치열해지면 갈등이 발생하고, 갈등이 심해지면 유혈 권력투쟁으로까지 이어지는 것이다.

개개인의 목표와 신념의 차이, 인식의 차이 같은 요인도 갈등을 불러일으킨다. 같은 조직이나 집단 안에 속해 있는 사람이라도 추구하는 목표는 얼마든지 서로 다를 수 있다. 이상에 더 소중한 가치를 두느냐, 현실을 보다 중요하게 고려하느냐에 따라 판단이 달라진다. 동기를 중시하느냐 성과를 중시하느냐에 따라 무엇을 선택하는지가 달라진다. 이 다름의 차이에서 갈등이 유발될 수 있는 것이다. 더욱이 조선의 유학자들은 학문에 따라 확연히 다른 신념을 가지고 있었다. 이(理)와 기(氣)처럼 형이상학적 개념들의 관계를 어떻게 보고 어디에 강조점을 두느냐에 따라 세상을 바라보는 관점이 전혀 달랐고, 정치관과 정책도 상반되었다.

인식의 차이는 인간으로서 근본적인 문제다. 같은 목표와 신념을 갖고 있는 사람도 사물을 다른 각도로 인지하는 경우가 많다. 이제 막 연애를 시작한 사람과 얼마 전 헤어진 사람이 동일한 멜로 영화를 보고 느끼는 감정은 다르다. 이처럼 경험의 차이가 만들어 낸 다른 관점과 해석이 갈등을 초래할 수도 있다.

조선왕조 중기부터 시작된 붕당은 신하들 간에 일어난 갈등의 대표적인 사례이다. 1567년 선조가 왕위에 즉위하고 오랫동안 국정을 농단했던 외척들의 척신 정치가 종식되면서 거듭된 사화(士禍)로 낙향했던 인재들이 속속 복귀하기 시작했다. 조광조의 제자 백인걸이 중용되었고, 명종의 거듭된 요청에도 꿈쩍도 하지 않던 이황이 조정으로 나왔으며 이이와 기대승처럼 촉망받는 젊은 학자들도 정계에서 본격적으로 활동하기 시작했다. 사림정치 시대가 개막한 것이다.

이들 사림은 크게 두 세력으로 나뉘었다. 척신들의 부패와 전횡을 비판적으로 보면서도 현실 정치에 참여했던 사림과 아예 조정에 나서지 않고 향리에 머물고 있던 사림이 그것이다. 전자를 흔히 '선배 사림'이라 하고, 후자를 '후배 사림'이라 부른다. 후배 사림들은 선배 사림이 지조를 제대로 지키지 못하고 척신들에게 협력했다며 부정적으로 보았고, 선배 사림들은 후배 사림이 현실을 모르고 지나치게 이상적이며 급진적이라고 평가절하했다.

이러던 와중에 이준경이 신하로서 마지막 상소를 올려 왔다. 이준경은 선배 사림의 대표적인 인물로 선조가 명종의 뒤를 이을 때 영의정을 지내며 국정 안정에 큰 공헌을 했다. 그는 선조에게 "학문에 힘쓸 것, 아랫사람을 대할 때 규율과 예에 맞는 몸가짐과 행동을 보일 것, 군자와 소인을 구별할 것"을 부탁하고, 마지막으로 "붕당의 사사로움을 타파해야 한다."라고 간곡한 어조로 주장했다. 그렇지 않으면 머지않아 "구제하기 힘든 환난이 이 나라에 닥친"다는 것이다.[91]

이준경의 상소는 조정을 발칵 뒤집어 놓았다. 그는 붕당 자체가 아니라 소인들에 의한 사사로운 붕당의 움직임을 경계한 것으로, 지극히 타당한 지적이었다. 하지만 붕당을 결성했다는 죄목으로 죽임을 당한 조광조에 대한 기억이 아직 생생한 사림들로서는 이것을 받아들일 수 없었다. 이준경의 문제의식과는 별개로 이것을 이유로 들며 다시 사림을 위험에 빠트릴 세력이 나올지도 모르기 때문이었다. 그래서 이이는 즉각 반박했다. 그는 "붕당은 어느 시대에나 있었으며, 중요한 것은 그 붕당이 군자의 당이냐, 소인의 당이냐. 소인이 붕당을 짓는 것은 용납할 수 없지만, 군자의 당은 많으면 많을수록 좋다. 사사로운 붕당의 조짐이 있었다면, 이준경은 영의정을 지낸 사람으로서 미리 그것을 제어하고 나쁜 싹을 끊어 버렸어야 했는데, 왜 죽을 때가 되어서야 이런 말을 해서 분란을 일으키는가?"라는 요지의 상소를 올렸다.[92]

이이를 비롯한 신하들의 강력한 반발로 이준경의 상소는 이내 묻혀 버렸다. 하지만 그의 경고는 오래 지나지 않아 현실이 되었다. 이준경에게 비판적이었던 서인이 기록한 『선조수정실록』조차 "그 후 10년이 지나 동인과 서인의 논란이 크게 일어났다. 이때 소당(후배 사림)은 이미 선배가 되었고, 후배는 전일 구신(선배 사림) 세력과 합쳐 같은 당이 되어 더욱 강성한 세력을 이루었다. 서로를 탄핵하고 배척함이 지난날보다 훨씬 더 심해졌는데도 이러한 풍조를 혁신하고 세상의 도리를 회복하자는 주장이 나오지 않으니, 나라가 입은 피해가 실로 막심하였다. 후세 사람들은 이준경에게 선견지명이 있어 이것을 예언하였다고 한다."라고 기록하고 있다.[93]

　　주지하다시피 동인과 서인의 분기로 시작된 붕당은 선배 사림과 후배 사림의 대립에 김효원과 심의겸의 감정적 갈등이 도화선이 되면서 격화된 것이다. 『동국붕당원류(東國朋黨原流)』에 따르면 "본래 동인(후배 사림)은 명예와 절의를 숭상했고, 서인(선배 사림)은 연륜이 있고 원숙한 사람들이 많아서 진중하게 행동했다. 이들 모두 선비이기 때문에 서로를 혐오하여 의심하거나 원망하는 일은 없었다. 그런데 그중에 똑똑하지 못한 자들이 있어 상대방을 지나치게 공격했기 때문에 의논이 시끄러워졌고 드디어 사림 전체가 깨끗하지 못하게 되고 말았다."라고 되어 있다.

　　그런데 여기에는 누구보다 선조의 책임이 크다. 붕당이 태동하고 그 대립이 심화되는 과정에서 선조는 방관자적인 모습을 보였다. 이준경의 유차가 올라왔을 때 선조는 크게 놀라며 대신들에게 "만약 붕당이 있다면 조정이 어지러워질 것이다. 정말 붕당이 있는가?"라고 물었다고 한다. 그러자 신하들이 "의혹을 풀어 주었고 임금도 더 이상 따지지 않았다." 선조가 조정의 상황을 제대로 파악하고 있었다면, '이준경의 말은 틀렸다, 붕당은 없다.'라고 하거나 이준경의 말이 옳으니 대책을 마련하라고 지시했을 것이다.

그러나 정말 붕당이 있는가 묻기만 하고 더 이상 따지지 않았다는 것은 이 문제에 대한 관심도, 해결 의지도 없었음을 보여 준다.

또한 몇 년 후 붕당이 격렬해지자 "이 일은 마땅히 대신이 맡아서 진정시켜야 한다."라고 하며[94] 갈등 조정자로서의 군주의 임무를 방기했다. 선조는 오히려 당쟁을 조장하기도 하는데, 정여립 반란 사건에 대한 심리를 서인 강경파에게 맡겨 동인이 대거 죽임을 당하는 결과를 가져온 것이다. 이로써 동인은 서인에게 큰 원한을 갖게 되어 서로를 죽고 죽이는 악순환이 이어지게 된다.

이러한 선조의 태도는 신하들의 갈등을 방임하거나 조장하여 신권을 약화하려는 의도로 해석할 수 있다. 정통성에 대한 콤플렉스를 갖고 있던 선조로서는 갈등 조장이 나름 효과적인 왕권 강화의 수단이었던 것이다. 그런데 진정한 지도자라면 갈등 해소와 조장을 적절한 수준에서 병행하여 국가에 유리한 방향으로 이끌어야 했다. 때로는 갈등의 원인을 분석하여 이를 해소하고 억제해 줌으로써 극단적 대립으로 인한 파국을 막고, 때로는 선의의 경쟁을 조장하여 조정에 활기를 불어넣었어야 했다. 하지만 선조는 국가가 아니라 임금인 자신에게 유리한 방향으로만 갈등을 관리했고, 결국 붕당이 긍정적으로 운용될 수 있는 기회를 놓쳐 버린 것이다.

17 관례적 인사를 경계한다

구성원들 간의 갈등이 무조건 부정적인 것은 아니다. 건전한 경쟁을 유도함으로써 조직에 활력을 불어넣는 순기능도 있다. 이러한 순기능이 제대로 발휘되기 위해서는 리더가 갈등을 적절히 제어해야 한다. 리더의 도덕적, 정치적 권위를 바탕으로 자원을 합리적으로 배분하는 것이 대표적인 방법이다.

조선 후기로 접어들면서 붕당은 학문적, 이념적 경쟁이라는 본래의 성격을 잊은 채 상대방의 전멸을 바라는 극단적인 대립 양상을 보였다. 인조에서 현종 때까지만 해도 여당과 야당이 한 조정 안에서 공존하며 서로 비판과 견제를 했다. 하지만 숙종 대에 이르러 단일 붕당으로 이루어진 조정을 구성하고 반대되는 붕당은 모두 축출시키는 '환국정치'가 반복하여 단행되면서 붕당은 생사를 건 투쟁으로 변질된다.

이로 인한 국론 분열이 심각해지고, 국가 에너지가 낭비되는 상황이 계속되자 영조는 탕평 정치를 시도했다. 의도적으로 조정 안에 각 붕당의 세력을 균형 있게 안배함으로써 어느 한 붕당에 힘이 쏠리지 않도록 하겠다는 것이었다. 영조는 판서에 노론을 임명하면 참판에는 소론을 임명하는 식으로 각 붕당에 관직을 교차하여 배분했다. 이것을 '쌍거호대(雙擧互對)'라고 부른다. 쌍거호대는 군주의 탕평에 찬성하는 온건파들을 주로 등용했던 영조의 정치 운용 방식과 관련이 있다. 온건파들을 배치했기 때문에 붕당에 따라 안배해도 신하들 간에 큰 충돌 없이 부처 업무가 진행될 수 있었다.

그러나 쌍거호대와 같은 기계적 균형은 진정한 균형이 아니다. 가운데를 선택하여 양쪽의 불만을 봉합하려는 임시방편일 뿐이다. 정조가 쌍거호대를 폐기하고자 했던 것도 이 때문이다. 정조는 붕당의 색깔을 선명하게 드러내더라도 능력 있고 신념이 투철한 신하를 발탁했다. 이들이 치열하게 논쟁하고 경쟁을 벌이면 중도 온건파들이 내놓는 타협적인 정책들보다 훨씬 더 나은 대안을 도출할 것이라고 생각했던 것이다. 단순히 붕당 간의 균형을 모색한다는 목적으로 정해진 할당을 채우느라 능력이 있는 신하를 임명하지 못하고 이를 능력이 부족한 신하로 대신하는 것을 정조는 도저히 받아들일 수 없었다. 또한 쌍거호대를 그냥 두면 각 붕당은 자신들에게 배당되는 관직의 숫자가 정해져 있기 때문에 당연히 내부적인 발전 노력을 게을리하게 된다. 능력 위주의 인사를 해야 붕당 안에 좋은 인재를 많이 갖출 수 있도록 경쟁을 벌일 것이었다.

각 파벌의 수장을 삼정승 자리에 고루 임명해 견제와 균형을 이루게 했던 정조 초반기와 달리 1790년 영의정과 우의정을 공석으로 비워 두고 소수파의 대표인 남인 채제공을 좌의정으로 삼아 3년간 단독 정승 체제, 즉 '독상(獨相)'을 운영한 것도 같은 맥락에서 이해할 수 있다. 노론 벽파의 힘을 약화시키고, 소수파들의 힘을 키워 주겠다는 의도와 함께 붕당 간의 기계적 균형을 탈피하려고 시도한 것이다. 정조의 싱크탱크라 할 수 있는 규장각을 파벌에 상관없이 자신의 정치 이념과 방향에 동의하는 신하들로 채우고, 그동안 관직에서 소외되었던 북인과 남인계 인물을 대거 초계문신으로 발탁한 것도 그래서였다.

하지만 정조도 선왕인 영조가 시행했던 뿌리 깊은 '쌍거호대' 관행을 금방 뒤집을 수는 없었다. 정조는 즉위한 지 20여 년이 지나서야 쌍거호대를 무력화하기 위한 시도를 벌인다. 1800년 5월

이만수를 이조판서에 임명한 것이 신호탄이었다. 이만수의 이조 판서 임명은 두 가지 규칙을 뒤흔들어 놓았다. 이만수의 형이 우의 정 이시수이니 형제가 나란히 고위 관직을 맡을 수 없다는 '상피(相 避)' 규정에 걸리고, 이조참판 조윤대가 소론이니 판서와 참판은 서 로 다른 붕당이 맡아야 한다는 '쌍거호대'의 원칙에 어긋난다. 정 조는 이 두 가지가 다 마음에 들지 않았다. 진정으로 국가에 필요한 인재라면 형제가 함께 요직에 임명되지 못할 이유가 어디에 있는 가. '쌍거호대'로는 기계적인 공정성만 이룰 수 있을 뿐 진정한 탕 평을 이끌어 낼 수 없다는 것이 정조의 판단이었다.

정조는 이만수의 이조판서 임명을 반대한 노론의 영수 심 환지에게 편지를 썼다. "이조판서는 명목상으로는 다른 붕당이지 만 실제로는 그대들 벽파와도 가깝지 않은가. 예로부터 세상의 도 리를 생각하는 사람은 도움이 되는 이를 다른 붕당이라는 이유로 배척하지 않았다."[95] 나라에 도움이 되고 직무에 적합한 인재라면 붕당에 상관없이 임명할 수 있어야 한다는 것이다. 좋은 인재가 있으면 붕당 간의 배분 같은 것은 고려하지 않고 등용을 강행하겠 다는 정조의 선언이었다.

이러한 정조의 태도는 중용의 취지에 부합한다. 동양에서 이상적인 삶의 태도로 여겼던 중용은 오른쪽과 왼쪽 사이의 중간 지점, 정 가운데를 말하는 것이 아니다. '중(中)'은 치우치지도 않고, 어디에 의지하지도 않고, 넘치거나 모자람이 없는 상태를 말하고, '용(庸)'은 평형을 이루고 있는 모습을 의미한다. 즉 어느 한쪽으로 치우치거나 의지하지 않고 상황을 객관적으로 분석하여 가장 알맞은 도리를 선택하라는 것이다.

인재를 등용하고 인재를 배치하는 것도 이 중용의 원칙에 따라 이루어지는 것이 옳다. 공평함을 명분으로 인재를 기계적으로 배치하는 방식으로는 인재를 제대로 운용할 수 없다. 그때 그 상황에 맞게 최고의 인재를 찾고, 그 직무를 가장 잘 해낼 수 있는 최선의 인재를 배치해야 한다. 그래야 인재들도 수긍하고, 자신의 역량을 발전시키고 열정을 발휘할 이유를 찾게 된다.

18 누구나 자유롭게 말할 수 있는
여건을 만든다

"전하의 정치는 이미 잘못되었고, 나라의 근본도 이미 망하였으며 하늘의 뜻도, 사람들의 마음도 떠나 버렸습니다. 비유하자면 100년이 된 큰 나무의 속을 벌레가 다 갉아 먹어서 진액이 말라 버렸는데 매서운 폭풍우가 언제 닥쳐올지 몰라 쓰러질 날만을 기다리는 것과 같게 된 지 오래입니다. 조정에 충성스럽고 의로운 선비와 성실하고 뛰어난 신하가 없는 것은 아니지만 상황이 최악을 향해 내달아 더 이상 손을 쓸 수가 없는 지경입니다. 낮은 품계의 관리들은 아래에서 시시덕거리면서 주색을 즐기고 있고, 높은 품계의 관리들은 위에서 어물쩍거리면서 오로지 재물을 늘리는 일에만 신경을 씁니다. (중략) 자전(慈殿)께서는 생각이 깊으시지만 깊숙한 궁중에 계시는 과부 한 사람에 불과하시고, 전하께서는 어리시어 단지 선대왕이 남기고 간 고아에 지나지 않습니다. 그러니 수많은 재난과 수없이 갈라지고 있는 민심을 대체 무엇으로 감당해 낼 것이며, 무엇으로 수습하시겠습니까?"[96]

　　퇴계 이황과 더불어 영남 유림을 대표했던 남명 조식이 조정에서 내린 단성 현감의 자리를 사직하면서 명종에게 올린 상소의 일부이다. 글의 말미에 왕이 잘못된 폐단을 끊어 내고 현실을 개혁하여 새로운 정치를 펼쳐 나가길 바라는 염원을 담긴 했지만, 전반적으로 이렇게 말해도 무사할까 싶을 정도로 강한 어휘를 쏟아 내고 있다. 특히 당시 서슬이 퍼렇던 대비 문정왕후를 과부, 명종을 고아라 부르고 왕의 정치는 이미 글렀다고 비판한 부분은 목숨을 걸어야만 할 수 있는 말이었다.

　　명종은 조식이 대비를 과부라고 한 것에 노여워하며 상소를 접수해 준 사람들을 질책했지만 문제를 더 이상 확대하지는 않았다. 사관은 명종이 상소문을 보고 자신을 반성할 생각은 하지 않고 오히려 상소를 물리침으로써 조식과 같은 강직한 신하가 뜻을 펼치지 못한 채 초야에 묻히게 되었다고 아쉬워했다. 하지만 저런 과격한 상소를 받고도 처벌하지 않았다는 것만으로도 명종은 평가받을 만하다.

흔히 리더의 가장 중요한 조건으로 경청 능력을 꼽는다. 그 이유에 대해 세종은 "설령 무지렁이 농부의 말이라도 반드시 들어 보아서 말한 바가 옳으면 채택하여 받아들이고, 적절하지 않은 말이라 해도 절대 죄를 주어서는 안 된다. 이는 임금이 저지를지도 모르는 오류를 미리 막고, 자칫 놓치기 쉬운 백성들의 사정을 확인하며, 나아가 임금 자신의 지혜를 넓히기 위해서이다."라고 설명했다.[97]

경청이 효과를 보려면 구성원들이 누구나 자유롭게 하고 싶은 말을 할 수 있는 여건이 전제되어야 한다. 그렇지 못하면 리더가 아무리 열심히 들으려고 해도 사전에 걸러지고 가공된 이야기밖에 듣지 못한다.

요순과 같은 성군들도 비방지목(誹謗之木)을 세웠다고 한다. 비방지목이란 백성들이 정치의 잘못된 점이나 임금에 대해 비판하고 싶은 점을 써서 붙여 놓는 나무를 말하는데, 임금은 그것을 보면서 잘못을 반성하고 경계로 삼았다. 타악기인 소고와 탁을 걸어 두고 간언을 하기 위해 찾아오는 선비들을 기다리기도 했다. 위대한 성군들이 다스리던 시대였으니 직언이 더 이상 필요하지 않았을 터인데 이렇게까지 했던 까닭은 무엇일까. 정조에 따르면 "나라를 위해 직언하고 자신의 생각을 주저함 없이 말하는 자들이 없다면 나라가 제대로 되어 갈 수 없다. 그래서 혹시라도 말을 하지 않을까 싶어서 그처럼 권장한 것이다."[98]

그런데 누구나 마음껏 말하라고 아무리 얘기해도 '정말 하고 싶은 말을 다 해도 될까?', '그렇게 말해도 처벌받지 않을까?'라는 의구심을 걷어 내지 못하면 아무런 소용이 없다. 어떤 말을 해도 불이익을 당하지 않는다는 것을 눈으로 보여 주어야 한다.

세종 때 하위지가 과거 시험에서 세종의 잘못을 신랄하게 비판하는 답안지를 제출한 적이 있었다. 당시 시험 책임자였던 영의정 황희는 하위지를 높은 순위로 합격시켰는데, 이를 두고 왕을 모욕한 하위지뿐 아니라 황희도 처벌해야 한다는 상소가 빗발쳤다. 이에 대해 세종은 크게 진노했다. "과거를 시행하여 국가 정책에 대해 의견을 묻는 것은, 장차 바른 말을 숨기지 않는 선비를 구하려는 데 목적이 있는 것이다. 설령 내가 노여워하여 하위지에게 죄를 주려고 해도 그대들이 적극 나서서 그를 보호해야 하거늘, 도리어 하위지를 탄핵하다니 이 어찌 된 일인가. 앞으로 내게 직언할 자들의 길을 막고 나아가 과거를 관장한 대신까지 공격하여 국가에서 선비를 선발하는 공명한 정신까지 모욕하는구나. 참으로 통탄할 일이 아닌가!"[99]

세종은 면전에서 무례한 언행을 보인 신하도 용서했다. 회의 중에 세종과 의견 충돌을 빚은 형조참판 고약해가 "정말 유감입니다. 전하께서 제대로 살피지 못하시니 어찌 신이 조정에서 벼슬을 하겠습니까.", "지금 제 말을 받아들여 주지 않으실 뿐 아니라 도리어 신이 잘못되었다고 하시니 참으로 실망이옵니다."라며 자리를 박차고 나가 버린 적이 있었다. 지금 봐도 예의에서 크게 벗어난 행동인데, 하물며 왕 앞에서 그랬다는 것은 중형을 받아도 할 말이 없는 상황이었다. 세종도 그 순간만큼은 매우 언짢아하는 모습을 보인다. 하지만 이내 "내가 고약해의 무례함을 벌주려고 한다면, 사람들이 내 뜻을 오해하여 과인이 신하가 간언하는 것을 싫어한다고 할까 염려가 된다."라며 한 발 물러선다.[100]

물론 구성원들이 하는 말 중에는 단호하게 물리쳐야 할 잘못된 말이나, 버려야 할 쓸데없는 말도 있을 것이다. 하지만 이것을 질책하는 순간 다른 말도 입 밖으로 나오지 못하고 들어가 버린다. 리더의 눈치를 보며 리더의 뜻을 거스르지 않고, 리더의 입맛에 맞는 말만 하게 되는 것이다. 어떠한 말이 나오더라도 우선은 마음을 열고 받아들여 주어야 사람들이 속마음을 남김없이 털어놓을 수 있다. 말을 취사선택하는 것은 그다음의 문제이다. 정조는 이런 말을 남겼다. "임금이 신하들의 진언(進言)을 기다릴 때는, 진언이 없을까를 걱정할 것이 아니라, 스스로 그 진언을 기꺼이 받아들일 도량이 있는지를 걱정해야 한다."[101] 사람들이 자유롭게 말하게 하는 방법은 간단하다. 리더가 그 말을 모두 담아낼 수 있는 그릇을 가지고 있으면 된다.

19 강력한 반대자를 가까이 둔다

『효경』에 "군주에게 바른 말을 하고, 군주와 논쟁하는 신하가 있으면 설령 군주의 도리를 지키지 못하는 임금이라도 나라를 잃지는 않을 것이다."라는 말이 나온다. 못난 군주도 서슴없이 반대 의견을 내고 직언을 해 주는 신하가 옆에 있으면 크게 잘못되지는 않는다는 것이다. 그럼 뛰어난 군주 곁에 그런 신하가 있다면 어떻게 될까. 세종의 시대가 그 질문에 답을 줄 것이다.

군주도 사람인 이상 자신과 성향이 맞고 군말 없이 자신의 뜻을 충실히 따라 줄 수 있는 사람을 좋아하기 마련이다. 군주가 올바른 방향으로 나아가고 있다면 이것이 꼭 나쁜 것은 아니다.

군주가 시행하려는 일들에 추진력이 붙으려면 생각을 공유하는 사람들이 중심이 되어 상황을 주도적으로 이끌어 갈 필요도 있다. 하지만 이 경우 생각이 한쪽으로 치우치기 쉽다. 주위에 군주와 같은 생각을 하는 사람들밖에 없다면 다양한 시각으로 상황을 바라볼 수가 없고, 오류나 잘못을 발견하는 일도 어려워질 것이다.

그래서 현명한 군주들은 반대 의견을 낼 수 있는 신하를 중용했다. 특히 세종은 조정의 대부분을 자신에게 반대했거나, 자신의 생각에 반대할 수 있는 사람들로 채웠다. 요즘 말로 "라이벌들의 팀"인 것이다. 세종이 심혈을 기울인 싱크탱크인 집현전의 초대 책임자는 세종의 장인인 심온을 죽이는 데 앞장선 중전의 원수 박은이었으며, 18년간 영의정으로서 세종을 보좌한 황희는 세종이 세자에 책봉되는 것을 끝까지 반대하다 귀양을 간 세종의 '정적'이기도 했다. 이 밖에도 맹사성, 허조, 조말생, 최윤덕, 김종서, 최만리 등 당대의 명신들은 세종에게 서슴없이 반대 목소리를 냈던 인물들이다.

이 중에서도 허조는 단연 돋보이는 반대자였다. 세종에게 중용되어 이조판서, 우의정 등 요직을 두루 역임한 허조는 관직에 있는 동안 세종이 추진하는 정책을 대부분 반대했고, 찬성한 사안조차 허투루 넘어가지 않았다. 어느 정도 결론이 났다 싶은 것에도 끝까지 의문을 제기했다. 허조의 집요함에 지친 세종이 "허조

는 정말 고집불통이야."라고 피곤함을 토로할 정도였다.[102]

한번은 세종이 백성들이 알기 쉽도록 법전을 이두로 번역하여 나눠 주라고 명을 내렸는데, 이에 대해 허조는 "백성들이 법에 대해 잘 알게 되면 법망을 교묘히 피하고 제멋대로 법을 가지고 노는 무리들이 생겨날 것입니다."라며 반대했다.[103] 신문고를 운용하는 문제에 있어서도 세종은 백성들이 자유롭게 이용할 수 있도록 가능한 제약을 두지 말라고 지시했지만, 허조는 조건과 절차를 엄격하게 하지 않으면 혼란이 야기될 수 있다며 동의하지 않았다.[104] 백성이 억울한 일을 당했을 때 고을 수령을 고소하는 것을 금지했던 부민고소금지법의 폐지를 둘러싸고도 세종과 오랜 시간에 걸쳐 논쟁을 벌였다.

어떤 사람들은 허조를 두고 세종의 개혁 정책을 막아선 수구 세력의 대표로 평가절하한다. 백성들의 입장에서 생각한 세종에 비해 고리타분한 원칙이나 내세우며 기존 질서를 유지하려 했다는 것이다. 물론 허조가 전통을 중시하는 보수적 태도를 보인 것은 사실이다. 세종이 제시한 정책의 방향이나 개혁 작업 자체를 동의하지 않는 경우도 많았다. 하지만 그의 주된 목적은 개혁 자체를 반대하는 것이 아니라, 현실을 반영하지 못하거나 검증되지 않은 정책들이 급격하게 추진되면서 생겨날 수 있는 폐해들에 초점을 맞추는 것이었다. 즉 허조는 정책의 완결성을 기하기 위해 새로 도입되는 정책과 제도의 단점과 문제점을 제기하고 그것이 야기할 수 있는 최악의 가능성까지 집요하게 지적했던 것이다.

허조는 자신의 입장을 무조건 고집하지도 않았다. 부민고소금지법이 폐지되는 쪽으로 가닥이 잡히자 그는 "소신이 반대하였지만 전하의 허락을 끝내 얻지 못하였으니 어찌할 도리가 없사옵니다. 다만 이만큼 보완하고 수정하셨으니 이제는 시행해도 문제 될 일은 없을 것입니다."라고 말한다.[105] 끝까지 동의할 수는 없지만, 지적했던 문제점들이 보완되었으므로 시행에 반대하지는 않겠다는 입장을 표명한 것이다.

여기서 허조의 입장도, 세종의 입장도 틀린 것은 아니다. 앞서 이야기한 신문고 규제나 부민고소금지법 폐지 문제는 사회질서와 기강을 지켜야 한다는 정의와 백성의 억울함을 풀어 주어야한다는 정의가 충돌하면서 생겨난 고민이었다. 이때 리더는 공동체에 보다 도움이 되는 쪽으로 선택을 해야 하며, 이에 따라 세종은 후자를 택한 것이다. 그런데 한번 선택을 하고 나면 선택의 정당성을 강조하기 위하여 한쪽의 옳음을 편향되게 내세우는 경우가 많다. 이때 선택되지 않은 다른 옳음의 가치도 최대한 반영할수 있도록 리더를 깨우쳐 주는 역할이 필요한데, 바로 여기에 허조의 존재 의미가 있었다.

곁에 강력한 반대자가 있어야 비로소 리더는 자신의 판단력에 의문을 던지게 된다. 반대자의 존재감이 긴장감을 불러일으키기 때문이다. 또한 반대 의견을 맞닥뜨려야 문제점이나 보완할 점은 없는지 찾아내고자 노력하게 된다. 세종이 때로는 질책하고, 때로는 답답해하고, 때로는 고집불통이라고 불평하면서도 허조를 계속 요직에 두고서 논쟁을 멈추지 않았던 것이 바로 이 때문이었다. 허조의 반대를 통해 발생 가능한 문제들에 선제적으로 대처할 수 있고, 정책은 더욱 튼튼해지며, 정치가 더욱 건전해질 수 있다는 것을 세종은 잘 알았다.

IBM의 창업자 토머스 왓슨은 생전에 이런 말을 한 적이 있다. "나는 내가 싫어하는 사람을 승진시키는 것을 주저하지 않았다. 오히려 정말 무엇이 사실인지를 말하는 반항적이고 고집 센, 거의 참을 수 없는 타입의 사람들을 항상 고대했다. 만약 우리에게 그런 사람들이 충분히 많고 우리에게 이들을 참아 낼 인내가 있다면 그 기업에 한계란 없을 것이다." 반대자 임무를 기꺼이 자임한 허조도 훌륭하지만, 그의 의견을 진심으로 경청하고 실행에 옮긴 세종은 더욱 훌륭했다. "제가 일흔을 넘겨 살았고, 지위는 정승의 자리에까지 이르렀습니다. 더욱이 성상(聖上)의 큰 은혜를 입어, 간언을 올리면 실천해 주시고 의견을 말하면 경청해 주셨으니, 무슨 한이 남아 있겠습니까."[106] 신하로부터 이와 같이 진심 어린 말을 들을 수 있는 군주라면 그 역시 한계란 없을 것이다.

20 겸손함으로 인재를 지킨다

조선의 선비들에게는 출처론(出處論)이 있었다. 세상에 올바른 도리와 정의가 실현되고 있으면 공직에 나아가 나라와 구성원들을 위해 일하고, 세상에 불의와 부조리가 판을 치면 손님이 길을 떠나듯 미련 없이 물러나서 홀로 자신을 수양하며 때를 기다려야 한다는 것이다. 그래서 유학자들은 왕이 부르면 일단 조정에 출사하지만 왕이 하늘의 뜻을 받들지 못하고 민심을 외면하며 나라와 백성을 위해 바른 정치를 펼치지 못하면 바로 관직을 떠났다. 헌신과 충성의 대상은 '왕'이 아니라, 하늘과 백성의 대리자인 '왕의 역할'이기 때문에 왕이 왕답지 못하면 국정에 참여해야 할 이유가 없었던 것이다.

　　군주가 인재를 등용하고 그 인재로부터 헌신을 이끌어 내려면 자신의 통치가 정의롭고 도리에 어긋나지 않는다는 것을 먼저 증명해야 한다. 하늘의 뜻을 받들어 백성을 위한 정치를 펼치고 있다는 것을 인정받아야 한다. 그리고 이 노력은 처음부터 마지막까지 한결같이 흔들림이 없어야 하는데 빈틈을 보이는 순간 인재는 군주의 곁을 떠날 것이기 때문이다.

　　아울러 군주는 인재가 가지고 있는 이상과 신념이 합치될 수 있는 비전을 제시해 주어야 한다. 이익을 충족해 주는 것만으로는 모든 잠재력을 이끌어 낼 수 없다. 사람은 소중하게 여기는 가치와 실제 하는 일이 하나가 될 때 더 큰 능력을 발휘한다.

　　이처럼 인재가 보람과 자부심을 느끼며 일할 수 있는 여건을 만들어 주는 것 외에도 군주 자신이 인재에게서 배우겠다, 가르침을 받겠다는 겸손한 자세를 갖는 것이 중요하다. 맹자는 "사람들의 병통은 다른 사람의 스승이 되기를 좋아하는 데 있다."라고 했다.[107] 군주가 자신은 모르는 것이 없고 모든 일에 다 능통하다는 오만에 빠지면 인재는 더 이상 그 밑에 있으려 하지 않는다. 시키는 일만 하는 행정 노동자가 될 것이 아닌 바에야 이런 군주 밑에 있을 인재는 없다.

　　군주 스스로 자신이 완벽하다고 생각한다면 그것은 자기

손으로 더 이상의 발전 가능성을 차단하는 것이다. 거기에다 사사건건 신하들의 선생 노릇을 하려 든다면 경박해 보일 뿐이다. 맹자는 "자신이 가르칠 수 있는 사람을 신하로 삼기 좋아하고, 가르침을 줄 수 있는 사람을 신하로 삼는 것은 좋아하지 않기 때문에" 훌륭한 군주가 탄생하지 못한다고 했다.[108] 군주가 인재들에게서 기꺼이 배우고 인재의 능력과 장점을 활용해야 군주 자신도 성장하고 국가도 발전한다.

"군주로서 천하를 평안하게 하고 이름을 후세에까지 남기고 싶은 사람은 반드시 어진 이를 높이고 자기 자신을 그보다 낮추어야 한다. 역(易)에 '높은 자리에 있으면서 스스로를 아랫사람보다 낮추면 그 도가 크게 빛난다.'라고 하였고 '귀한 자가 천한 자보다 낮은 곳에 임하면 크게 사람들을 얻을 수 있다.'라고 하였다. 무릇 총명한 군주는 덕을 베풀면서 아랫사람보다 더 낮은 곳에 처하며, 멀리 있는 사람을 품어 가까이 이르도록 한다." 중국의 고전 『설원』에 나오는 말이다. 절대적으로 높은 위치에 있는 군주가 먼저 자신을 낮춰 인재를 대한다면 감동하지 않을 사람은 없을 것이다.

그런데 군주가 막상 이러한 자세를 변함없이 실천에 옮기기란 쉽지 않다. 뛰어난 왕들조차도 재위 기간이 오래되거나 재능이 넘치면 자기도 모르게 신하들을 무시하거나 억누르려는 태도를 보였다. 세종도 말년에 그런 모습을 보였고, 정조와 같은 뛰어난 군주도 이 문제로 인해 신하들에게서 자주 비판을 받았다. 정조는 자신의 생각에 반론을 제시하는 신하들에게 대놓고 면박을 주었는데, 한번은 의식 절차에 관해 신하가 다른 의견을 제시하자 "나이도 어리고 학문도 얕은 자가 감히 임금이자 스승의 존엄을 무시하고 가르침을 따르지 않으면서, 망령되게도 중요한 예식 절차에 다른 의견을 내세워 마치 과인과 승부를 내려는 것처럼 하고 있으니, 이것이 과연 신하로서의 도리와 분수상 과연 할 수 있는 바이더냐?"라고 질책한 적도 있다.[109]

이러한 정조의 태도에 대해 사헌부 장령 오익환은 다음과 같은 상소를 올렸다. "신이 엎드려 생각건대, 전하께서는 총명한 자질을 타고 나셨고 학문 역시 고명하십니다. 그럼에도 아직 도리가 제자리를 찾지 못하고 풍속이 아름답게 변하지 못한 것은 전하의 지혜가 다른 이들보다 뛰어나시다 보니 여러 신하들을 가벼이 대하는 마음이 있고, 생각이 모든 일들에 두루 퍼져 있어 전하께서 모든 걸 다 알고, 모든 걸 다 대비할 수 있다는 마음이 있으시기 때문입니다. 무릇 총명을 믿으면 도리어 자만하게 되고, 무엇이 진정이고 거짓인지에 대해 지나치게 살피게 되면 억측을 하게 되는 것입니다."[110] 그러면서 정조가 "가르칠 수 있는 상대를 신하로 삼으려 하고, 신하들을 위엄으로 억눌러 통제하려 한다."라고 강하게 비판했다. 정조의 오만으로 인해 신하들의 마음이 떠나고 있음을 지적한 것이다.

　　인재를 지키기 위해서는 무엇보다 리더의 역할이 중요하다. 인재가 기꺼이 헌신할 수 있도록 리더는 자신의 정당성과 존재 가치를 입증해야 한다. 인재가 열정을 발휘할 수 있도록 그의 가치관을 존중해야 한다. 그리고 무엇보다 겸손한 자세로 배우고 자신을 낮춰 인재의 자긍심을 높여 주는 일이 중요하다. 이것이 인재를 지키기 위한 첩경이다. 심혈을 기울여 인재를 찾아 놓고, 리더의 노력 부족으로 인재를 잃는 일이 있어서는 안 될 것이다.

4부 공효功效

시대의 흐름을 읽고
변화에 힘쓰라

"이 정도면 충분하다고 만족하지 마시고,
앞 시대의 성취와 실패를 잘 계승하며,
게으르지 않고 노력하여 허물을 저지르지 않고
인재들이 마음껏 포부를 펴게 한다면
정치의 공효를 이루는 일이 어찌 어렵겠습니까."

— 이황

21 '지금 여기'에 적합한 것이 무엇인지를 생각한다

　전통 사회에서는 개혁을 위한 논리로 '변통(變通)'이라는 개념이 사용되었다. 『주역』의 「계사전(繫辭傳)」에 등장하는 이 말에는 때에 따라 계속 변화한다는 '수시변역(隨時變易)'과 때에 맞는 알맞음을 찾는다는 '인시제의(因時制宜)'의 의미가 담겨 있다. "만물이 때에 따라 변화하는 것은 세상의 일상적인 법칙"[111]이므로, 하나에 고착되어 있으면 오래 유지할 수 없다. 따라서 시대 상황에 어울리는 마땅함을 찾아 적절하게 변화시켜 나가야 한다는 것이 바로 변통의 논리이다.

　흔히 동양의 정치 이념은 보수적이고 과거 지향적이라고

여겨진다. 성현들이 남긴 가르침과 선왕들이 정해 놓은 질서가 현재를 규정하고 미래의 방향을 결정했기 때문에, 설령 개혁이 추진된다고 해도 복고적일 수밖에 없다는 오해가 있다. 하지만 전통을 중요시하고 과거의 가치를 소중하게 여긴다고 해서 반드시 답습인 것은 아니다. '지금 바로 여기에 적합한 것(時中)'을 찾아 변통해야 한다는 원칙을 중요하게 생각했던 군주들은 끊임없이 새로운 변화와 혁신을 시도했다. 지켜야 할 정신은 지키고 바꿔야 할 것은 바꾸는 역동적인 모습을 구현하고자 한 것이다.

"요즘 신료들이 게으른 것은 대개가 『경국대전』이 오래되어 제도와 규정들이 폐지되고 해이해지게 된 것에서 연유한다. 내가 『경국대전』을 새로 정비하여 다시 밝히려고 한 지 오래되었다. 이를 반드시 시행하고야 말 것이다."[112]

영조는 즉위한 직후 조선의 헌법인 『경국대전』의 '변통'을 추진했다. 조선의 법은 크게 역대 임금들이 내린 명령인 수교(受敎)와 전거가 되는 선례들을 모아놓은 등록(謄錄), 최고 상위법인 대전(大典)으로 이루어진다. 이 중 대전은 함부로 손댈 수 없는 헌법으로 왕들도 이 법의 질서와 체계 안에서 통치를 해야 했다. 성종 때 편찬이 완료된 『경국대전』이 바로 대전이다. 그런데 『경국대전』은 오랜 시간이 흐르면서 점점 생명력을 잃었다. 임진왜란과 병자호란이라는 양대 전란과 17세기 이후 급격히 진행된 사회변

동이 기존 체제를 크게 뒤흔들어 놓았지만, 『경국대전』이 그러한 시대 변화에 적절하게 대응을 하지 못하면서 힘을 잃게 된 것이다. 이후 조선의 법은 왕들이 내린 수교를 중심으로 운용되었다.

영조는 『경국대전』의 정신과 제도를 다시 회복해야 한다고 생각했다. 당시 조선이 겪고 있는 각종 문제점들은 『경국대전』이라는 '기본'에 충실하지 못했기 때문이라는 것이 영조의 생각이었다. 하위법인 수교와 수교가 서로 충돌했을 경우 이를 조율해 줄 헌법이 필요하다는 이유도 있었다. 영조는 "일시적인 교지가 곧 수교가 됨으로써 법조문이 수시로 들쑥날쑥하게 되니 어떤 수교를 따라야 할지 몰라 관리들은 집행하기가 어렵고 백성들도 어찌할 바를 모르게 된다."라고 지적했다.[113] 판단의 기준이 명확하게 확립되어 있어야 정치 역시 중심을 잡을 수 있다고 본 것이다.

그렇다고 영조가 『경국대전』으로 무조건적인 복고를 생각했던 것은 아니다. 영조 대의 정치 사회 환경과 『경국대전』이 만들어졌을 당시의 환경 사이에는 분명한 차이가 있었다. 이것을 무시하고 무조건 과거의 법을 지금 다시 적용할 수도 없는 노릇이다. 영조도 이 사실을 잘 알았다. 그래서 "현재의 상황에 대한 고려 없이 옛 제도를 전격적으로 시행하게 되면 소요가 일어날 수 있으니 백성에게 편리한 부분부터 먼저 시행하라."라며 당장 시행해도 문제가 없는 부분들부터 우선적으로 정리한다.[114] 그리고 선왕들이 내린 수교를 모아 보충하고, 당대에 적합하지 않은 항목들을 개정하는 작업에도 착수했다. 그렇게 하여 탄생한 것이『속대전』이다.

　　개정판 경국대전이라고 할 수 있는『속대전』은『경국대전』의 정신과 틀을 지키면서도 구체적인 응용 사례를 보완하여 변화된 현실에 대한 고민을 담아냈다. 또한『속대전』은 원칙과 기강을 강조했던『경국대전』과는 달리 백성에 대한 관대함과 부드러움을 중요시한다. 영조는『속대전』의 편찬 취지를 백성에 대한 관용이라고 명시하고 이를 설명하는 서문까지 직접 작성해서 덧붙였다. 그리고『속대전』속에 악형을 폐지하고, 구속 요건을 강화하며, 법정 심리 절차를 체계화하는 내용을 담았다. 또한 감옥 환경을 개선하고, 형장(刑杖)을 가하여 중죄인을 심문하는 국문(鞫問)에 제한 규정을 두었으며, 형벌 부과의 기준을 낮췄다. "속대전이 백성에게 편리하나 너무 너그러운 것이 흠입니다."라는 문제 제기에 대해서는 "만약 백성에게 이로운 것이라면 어찌 너그러운 것을 걱정하겠는가."라고 답변한다.[115]

　　영조는 이 밖에도 백성들의 삶을 안정시키기 위한 법조문들을 대거『속대전』에 포함했다. 백성들의 경제활동을 보장하고, 백성들의 권익과 삶을 침탈하는 행위에 대해 엄벌하는 조항을 추가했다. 신문고 제도를 부활해 운용 절차를 체계화했으며 노비를 보호하는 조문들도 기재하도록 했다.

이는 왕조 건국 초기에 국가의 체제 질서를 구축하고 법과 제도를 정착시키는 것이 주목적이었던 『경국대전』에서 한 걸음 더 나아가 법과 제도의 적용 대상인 백성들의 이해와 시각을 보다 적극적으로 반영한 것이다. 『경국대전』이 시스템을 만드는 것을 우선으로 삼았다면, 『속대전』은 그 시스템을 현실적이고 원활하게 운영할 수 있도록 정비했다고 할 수 있다.

영조의 시대는 신분제의 급격한 동요로 백성들이 자신의 존재와 역할에 대해 새롭게 자각하던 시기였다. 이전 대에 계속된 전쟁과 기근으로 피폐해진 백성들의 삶을 안정시키는 일도 시급했다. 영조는 『경국대전』의 변통을 통해, 조선 건국의 정신을 계승하면서도 새로운 변화에 능동적으로 대처할 수 있었다.

22 시대의 변화에
능동적으로 대응한다

조선 후기에는 전안(廛案)이 존재했다. 전안은 상인의 이름, 주소, 취급 물품 등을 기록한 장부인데, 여기에 이름이 등록돼 있어야만 도성 안과 도성 밖 10리까지의 지역에서 상행위를 할 수 있었다. 전안에 등록된 상인들은 특정 상품에 대한 전매권도 부여받았다. 만약 전안에 이름이 없는데도 상행위를 하면 난전(亂廛)을 열었다는 죄목으로 처벌받았다.

국가에서는 전안에 등록된 도성 내 시전(市廛) 상인을 보호하기 위해 난전을 엄격하게 단속했다. 당시 난전 상인들은 다량의 어물을 매점하고, 한양 근교의 소상품 생산자, 소상인들과 연계하여 농수산물이나 수공업 제품 등을 구입, 이를 도성 각처에서 직접 판매하여 시전의 기득권을 위협하고 있었다. 조정으로서는 국가에서 필요로 하는 물품을 납품하고 중국에 보낼 조공품을 조달하는 시전 상인들의 이윤을 보호해 줄 책임이 있는 데다가, 시전에 혼란이 올 경우 바로 물가에 영향을 미쳐서 백성들의 삶이 어려워지게 된다고 인식하고 있었다. "난전으로 인해 시전이 쇠락하고 약해지면 물가가 뛰어오를 것인데, 그리되면 가난한 선비와 곤궁한 백성들이 어찌 안심하고 살아갈 수 있겠는가!"[116] 그래서 난전을 엄히 규제했을 뿐만 아니라, 시전 상인에게 난전을 직접 단속할 수 있는 권한(금난전권)까지 주었다.

난전 단속은 많은 문제를 양산했다. 우선 일반 백성들이 소소하게 사고파는 행위까지 일률적으로 금지하여 원망을 샀으며, "시전 사람이 난전을 단속한다면서 면포를 팔던 사람을 구타하여 죽을 지경에 이르게 하고는, 그 면포를 모두 빼앗아 형조에 약간 상납을 하고 나머지는 자신들이 나누어 가졌다."[117]라는 기사에서 볼 수 있듯이 사적 단속을 허가함으로써 생겨난 폐해도 컸다. 부를 축적한 신흥 상인(私商)들이 난전 금지라는 실정법을 피하기 위해 세도가나 해당 관청의 실무자에게 상당액의 뇌물을 납부하는 것도 문제였다.

이 때문에 영조는 난전을 금지하면서도 "큰 규모의 난전만

엄히 금하고, 작은 것들은 봐주라."라고 지시했으며 "만든 지 오래되지 않은 새 점포들만 없애도록 했다."[118] 정조도 "난전 금지령을 거듭 강조"하였지만[119] "누룩 조각을 머리에 이고 오는 시골 노파까지도 모두 난전으로 몰아서야 되겠는가?",[120] "난전 단속하기를 도둑 다스리듯 하는데 이는 옳은 일이 아니다."[121]라며 지나친 단속으로 백성들에게 피해가 가는 일이 없도록 주의시켰다.

하지만 이러한 조치들은 어디까지나 시전 상인의 특권을 인정하는 가운데 단순히 그로 인한 피해를 줄이는 소극적인 대처에 불과했다. 난전을 단속하고, 억제하겠다는 방침은 근시안적인 조치였다. 조선 후기에 들어서면서 상품화폐 경제는 매년 눈에 띄게 성장했다. 농업 생산력이 증대되고 수공업 생산이 활발해졌으며, 대동법 실시로 인해 물품 구매를 대행하는 도고업이 성장했고, 농촌에서 도시로 유입되는 인구도 증가했다. 세금을 돈으로 납부하게 한 정책도 화폐의 유통을 촉진해 상업 발전으로 이어졌다. 이러한 상황 속에서 시전 상인만 보호하고 여타의 상행위들을 억제하는 것은 시대의 흐름과 맞지 않는 것이었다.

정조는 결국 시전 상인에 대한 일방적인 보호 정책을 철회하기로 했다. 1791년 신해년, 정부 납품과 조공 물품 조달의 책임을 맡고 있는 비단, 면포, 명주, 삼베, 모시, 종이를 거래하는 육의전(六矣廛)을 제외한 영역에서 백성들의 자유로운 상행위를 허가하는 '통공(通共)'을 실시한 것이다. 이른바 '신해통공' 조치이다.

이때 재상이었던 채제공이 올린 상소를 보면, "우리나라에서 난전을 금지하는 법을 시행해 온 것은 오로지 육의전이 나라의 일을 부담하는 대신 이익을 독점하도록 해 주기 위해서였습니다. 그런데 요즘 들어 빈둥거리며 노는 무뢰배들이 삼삼오오 무리를 지어 다니며 스스로 가게 이름을 붙여 놓고 백성들의 일용 생활과 관련된 물품들을 제멋대로 좌지우지합니다. 길목에서 사람을 기다렸다가 크게는 말이나 배에 실은 물건부터 작게는 머리에 이고 손에 든 물건까지 싼값으로 억지로 사들이는데, 만약 물건 주인이 이를 듣지 않으면 난전이라 부르며 결박하여 형조와 한성부에 잡아넣습니다. 이 때문에 물건을 가진 사람들이 본전도 되지 않는 값에 어쩔 수 없이 눈물을 머금고 팔아 버리는 일이 잦습니다. 그리고 이렇게 사들인 물건을 배나 되는 값을 받고 파는데, 사지 않으면 그만이지만 만약 부득이하게 사지 않을 수 없을 때는 다른 곳에서 살 수 없고 오로지 그곳에서만 울며 겨자 먹기로 사야 합니다. (중략) 청하옵건대 육전의 품목 이외에는 난전이라 하여 죄를 묻지 마시옵소서. 그리되면 장사하는 사람들은 서로 사고파는 이익이 있을 것이고, 백성들도 곤궁한 걱정이 없을 것입니다." 이에 정조는 "백성들의 일상생활과 관계되는 품목들은 상세히 살펴서 발생할 수 있는 폐단에 미리 대처할 것을 당부하고" 금난전권

을 폐지했다.[122]

몇 년 후 채제공은 "시전 상인들이 금난전권을 철폐한 것에 항의를 하기에 '행상이건 좌판이건 내게 있고 상대에게 없는 것을 서로 무역하는 것은 꺼릴 것이 없는 일이다. 그런데 전안에 이름이 올라 있지 않다고 하여 자기 물건을 매매하는 것조차 구속하고 내쫓아서 도성에 발도 붙이지 못하게 하니 어찌 이러한 도리가 있겠는가.'라고 야단을 쳐서 물리쳤습니다."라고 보고했다. 그리고 "70여 명의 상인들이 수원까지 몰려와 소란을 피웠으니, 시전의 백성들이 무엄하게 사리사욕만 챙기려는 풍습에 조정이 흔들려서는 안 될 것입니다."라며 금난전권 폐지를 흔들림 없이 추진할 것을 강조했다.[123]

정조는 재위 초반기만 해도 시전 상인들을 직접 여러 차례 만나 민원을 수리하는 등 이들을 지원하고 보호하기 위해 많은 관심을 기울였다. 국가의 통제가 가능한 시전 상인들의 권익을 어느 정도 보호해 주는 대신 반대급부로 이들을 통해 물가를 안정적으로 관리할 수 있다고 생각한 것이다. 하지만 당시 조선은 상품경제 사회로 빠르게 변모하고 있었다. 경쟁이 치열할수록 상품은 가격도 내려가고 상품의 경쟁력도 갖춰진다. 결국 정조는 상업 활동을 적극적으로 장려하는 것이 국가를 위해서나 시전 상인들을 위해서나 더 이득이 된다고 판단했고, 신해통공 조치로 이를 실현한다.

정조는 좌의정 유언호가 물가를 안정시키기 위해 지난 몇 년간의 평균 가격을 도출하여 가격을 고정해야 한다고 주장할 때도 "곡식 가격을 관에서 획일적으로 정한다면 불편한 점이 있게 될 것이다. 물건이 제각기 다른 것이야말로 물건의 속성이다. 장사꾼들은 이익을 추구하는 자들인데, 물건 값을 고정해 놓아 도성 안에서 이익을 얻지 못하겠다고 판단한다면 곡식을 실은 배를 되돌려 다른 데로 가지 않겠는가?"[124]라면서 나라가 인위적으로 시장에 개입하여 상업 활동을 제약해서는 안 된다고 강조했다. 물산 유통을 활성화해 물가를 안정적으로 유지하겠다는 것이었다.

정조의 신해통공 실시는 이후 조선 사회에 많은 변화를 가져왔다. 그전까지 시전 상인들은 판매가 보장되어 있었기 때문에 보수적인 영업을 해 왔지만, 난전 상인들과 경쟁이 시작되면서 공격적인 영업 기법이 도입되고 상품의 품질과 다양성이 개선되었다. 시전 외에도 다양한 상업 구역이 형성되면서 생필품 구입이 쉬워졌고, 많은 물품과 재화가 모여들면서 소비가 촉진되었다. 국가 차원에서는 새로운 상인 세력을 양성하여 세수(稅收) 대상으로 삼음으로써 재정에 많은 보탬을 얻게 된다.

23 차근차근
그리고 꾸준하게 나아간다

    일을 성공시키기 위해서는 단계를 밟아 가며 진행해야 한다. 단계를 건너뛰고 일의 속도를 높일 수는 있겠지만, 그렇게 되면 빈틈이 생기고 이는 결국 불완전한 결과로 이어진다.

    임진왜란이 준 상처에서 벗어나기도 전에 병자호란을 맞이한 조선은 극심한 혼란과 민생 파탄을 겪었다. 엎친 데 덮친 격으로 각종 자연 재난이 계속되면서 백성들의 삶은 더욱더 어려워져만 갔다. 조선의 17대 군주로 즉위한 효종은 이러한 시대적 위기 상황을 해결하고자 고심한다.

    당시의 정책 담론을 주도하던 산림(山林)은 왕의 도덕적 수

신만 선행되면 모든 문제가 자연스레 해결될 것이라고 주장했다. "백성의 어려움을 돌봐 주고 싶어 하지 않은 군주가 없었지만, 백성들이 실질적 혜택을 받지 못하게 된 것은 군주의 욕심과 사사로운 마음 때문입니다."[125] "재난을 구제하기 위한 방법은 임금의 마음에서 찾는 것보다 더 나은 것이 없습니다."[126] 백성을 구제하는 길은 제도보다 먼저 임금의 마음가짐에 달린 것이며, 임금이 마음을 올바르게 하면 백성들에게도 자연히 실질적 혜택을 줄 수 있다는 것이었다. 물론 맞는 이야기이다. 하지만 당장 수많은 백성들이 고통에 신음하고 있는 상황에서 구체적 대책은 마련하지 않고 공허한 원칙론만 이야기하는 것은 문제가 있다.

효종은 이러한 신하들의 태도에 답답함을 느꼈다. "마음을 다스리는 것이 근본이고 구체적인 정사(政事)를 처리하는 것은 지엽적인 일이지만, 상황이 이리도 급박한데 어떻게 임금의 마음이 바르지 않다고 하면서 팔짱만 낀 채 앉아 있을 수가 있는가. 나는 부덕하여 하루아침에 마음을 바로잡는 성과를 기대하기 어렵다. 따라서 우선 정사를 통해 잘못된 일들을 해결해 가고자 하니, 경들은 구체적인 일들에 관한 보완 과제부터 이야기하라."[127] 아무리 좋은 원칙이고, 추구해야 할 이상이더라도 당장의 현실을 구제하는 데 도움이 되지 못한다면 소용이 없다. 임금이 마음을 수양하는 것은 매우 중요한 일이지만 지금은 그 중요한 일마저 잠시 접

어두고, 당장의 문제부터 해결해야 할 정도로 위기 상황이라는 것이다.

효종은 이렇게 위기의식을 조성함으로써 개혁을 위한 첫걸음을 내딛었다. 위기를 강조하는 것은 구성원들의 적극적인 협조를 이끌어 내기 위해서이다. 위기 상황이라는 급박함이 없으면 사람들은 움직이지 않으며 군주를 돕지도 않을 것이다. 이럴 때 일을 무리하게 추진하면 결실을 거두지 못한다. 오히려 반대 세력의 역공을 당할 여지가 크다.

이어 효종은 위기를 타개하기 위한 개혁 지도부를 구축했다. 김육을 영의정으로 발탁하여 개혁을 주도하게 하고 이시방, 이시백 형제 등 전문 능력이 뛰어난 인사들을 중용해 김육을 뒷받침하게 했다. 김육은 "많은 사람들이 서책에 실려 있는 것들을 주워 모아서는 '뜻을 성실히 하고 마음을 바르게 하면 이 세상과 나라가 모두 잘 다스려질 것이다.'라고 입으로만 말한다. 그러면서 실무를 하기에 여념이 없는 사람들을 비웃는다. (중략) 나는 관의 지출을 절약하여 백성을 사랑하고 부역을 줄여 세금을 적게 거두고자 한다. 헛되이 이상만을 추구하며 형식적인 것을 숭상하지는 않을 것이다."[128]라고 말할 정도로 민생 안정을 최우선시한 개혁주의자이다. 김육은 죽기 직전까지 효종의 개혁을 위해 헌신적으로 복무했다.

효종과 김육은 개혁을 위한 방법으로 대동법에 주목했다. 대동법은 특산물 대신 쌀을 공물(貢物)로 바치도록 하고, 그 쌀을 가지고 나라에서 필요한 특산물을 직접 구입하는 제도이다. 대동법은 공물 부과 기준을 가구(戶)에서 토지 면적(田結)으로 전환했다. 사람 수가 아니라 소득 수준에 따라 세액을 조정하도록 바꾼 것이다. 이는 일반 백성들의 조세 부담을 경감하고 세금을 균등히 부과한다는 효과를 가져왔지만, 세금 부담이 늘어난 양반 지주층은 이에 크게 반발했다. 인조 때 장유가 "차라리 소민(일반 백성)의 마음을 잃을지언정 사부(양반)의 마음을 잃을 수는 없다", 신흠이 "백성이 원하는 것이라 해도 지배층이 원하지 않는 정책이니 대동법에 대해 재고할 필요가 있다."라고 주장하여 대동법 시행이 유야무야된 적이 있었는데, 효종 대에 와서 대동법이 다시 추진되자 같은 반응이 나온 것이다. 이에 대해 김육은 "이 법의 시행을 부호들이 좋아하지 않습니다. 하지만 나라에서 법을 시행할 때는 마땅히 백성들의 바람을 따라야 합니다. 부호들의 반발을 꺼려서 백성에게 편리한 법을 시행하지 않아서야 되겠습니까."[129]라며 대동법의 전면 실시를 강력히 주장했다. 백성들에게 편리하고 혜택을 가져다주는 것을 무엇보다 우선해야 한다는 기준을 제시한 것이다.

　이렇게 명확한 기준이 확립되지 않으면 개혁의 노력은 잘못된 방향으로 빠지기 쉽다. 반발이 있거나 반대를 만나게 될 때마다 방향을 수정하고 현실과 타협하게 되면서 처음 기획했던 것과는 전혀 다른 길을 걷게 된다. 따라서 기준을 명확히 정하고 그것을 나침반으로 삼아 개혁 작업을 추진해 가야 하는 것이다.

그리하여 1651년 8월 24일 충청도 지역에서 대동법 시범 실시가 이루어졌다. 진정한 변화를 이루기 위해서는 오랜 시간이 필요하다. 그 기간 동안 추동력을 잃지 않으려면 이 일이 반드시 성공한다는 확신이 필요했다. 효종과 김육은 시범 실시를 통해 대동법의 효과를 검증해 보이고자 했다.

충청도에서 시범적으로 시행된 대동법은 가시적인 정책 효과를 거두며 백성들의 지지를 받았다. 호남 지역 유생들이 호남에서도 대동법을 실시해 달라는 상소를 올려 왔고[130] 시범 실시를 반대했던 우의정 이후원도 백성들이 이 법을 편안하게 여긴다며 찬성으로 돌아섰다.[131] 이에 김육은 호남 지역으로의 확대 등 대동법의 전면 실시를 주장했지만 효종은 성급하게 움직이지 않았다. 오히려 기다려 보라거나 조정의 논의가 더 필요하다는 반응을 더 많이 보였다. 아무런 대답조차 하지 않는 경우도 있었다. 반대 상소들이 올라오면 모두 경청하고, 때로는 그것을 이유로 개혁 작업을 지연시키기도 했다.

효종이 외형적으로 적극적인 모습을 보이지 않았던 것은

일방적으로 어느 한쪽을 편들지 않는 태도를 보임으로써 개혁으로 초래될 수 있는 갈등을 원활하게 조율하기 위해서였다. 하지만 내부적으로는 실무 작업을 조용하게 진행시켜 일이 빈틈없이 이루어질 수 있는 기반을 닦았다. 시범 실시 지역에 암행어사를 파견하여 시행 상황을 지속적으로 점검했으며, 김육 등 개혁 작업을 담당한 신하들이 반대파의 공격을 받을 때에는 굳건히 지켜 주었다. 대동법을 위반한 자들을 엄하게 처벌하도록 조치했고, 새 법 실시에 따른 문제점과 보완 사항에 대해 토론을 계속 진행했다. 송시열과 송준길 등 당시 조정에 막대한 영향력을 끼치고 있는 산림 대표들을 설득하여 지지를 얻는 일도 잊지 않았다.

김육은 충청도 대동법 시행 당시 "일의 처음은 내가 말을 꺼냈고 여러 신하들이 알맞게 변통하여 중도에 좌초하지 않을 수 있었다. 그러나 일이 성공한 것은 성상께서 홀로 결단을 내리고 확고한 의지로 흔들림 없이 성사시키신 덕이다."라고 말했다.[132] 대동법에 대한 효종의 의지와 노력을 확인할 수 있는 대목이다.

대동법이 성과를 거두고 조정 내의 여론도 찬성 쪽으로 돌아서자 효종은 또다시 새로운 개혁 정책을 내놓았다. 양반에게도 군포(軍布)를 부과한 것이다. 그러자 여러 신하들이 대동법 때와는 비교할 수 없을 정도로 거세게 반발했다. "우리나라가 유지되는 것은 사대부의 힘입니다. 지금 하루아침에 갑자기 일찍이 없었던 일을 만들어 서민들과 똑같이 군포를 징수한다면 그 원망 또한 크지 않겠습니까?"라는 영의정 심지원의 언급은 이러한 정서를 대변하는 것이었다. 하지만 효종은 "원망과 고통으로 따져 말한다면 군포로 인해 도망가고 죽은 백성들의 그것만 하겠는가?"라며 받아들이지 않았다.[133]

대동법과 군포 개혁은 효종 대에 완성되지 못했다. 대동법은 아들인 현종 대에, 군포 개혁은 증손자인 영조 대에 가서야 마무리가 된다. 여기서 주목할 것은 효종의 방식이다. 효종은 느리지만 꾸준히, 단계적으로 일을 추진하며 개혁을 이끌었다. 문제를 확인하고 위기의식을 조성하여 구성원들이 이것에 동의하도록 하였으며, 개혁을 주도할 지도부를 꾸렸다. 명확한 기준을 제시하여 개혁이 취지를 잃거나 잘못된 방향으로 흐르지 않도록 막았으며, 차분히 내부의 장애 요인을 제거하고 여론의 지지를 얻어 냈다. 여론을 주도하는 오피니언 리더들을 설득하는 일도 잊지 않았다. 시범 실시를 통해 개혁의 효과를 증명해 냈지만 무리하게 일을 진행하지 않았다. 서서히 확대하되 새로운 어젠다를 제시하여 개혁에 깊이를 더하고 후속 변화를 창출해 냈다. 효종의 치밀한 추진 덕분에 대동법과 군포 개혁은 기득권의 강한 저항을 무마하고 조선 후기의 대표적인 개혁 정책으로 자리 잡을 수 있었다.

24 '철저한' 개혁을 위해 '적절한' 속도를 선택한다

　　개혁은 속도가 중요하다. 그런데 그 속도가 반드시 빠를 필요는 없다. 개혁의 성격과 내용, 개혁으로 인해 예상되는 변화, 개혁이 사회에 미칠 영향 정도에 따라 적절한 속도를 찾으면 된다. 일이 지연될수록 집중력이 흩어지고 반대 세력에게 발목을 붙잡힐 소지가 큰 경우에는 강한 추진력으로 빠르게 진행시켜야 한다. 이와 달리 파급효과가 커서 구성원들의 합의가 중요하고 정책의 완결성이 필요한 경우에는 시간이 오래 걸리더라도 차근차근 단계적으로 추진할 필요가 있다.

　　조선 초기 세종의 공법 개혁은 후자였다. 여기에는 무려 10년

이 넘는 시간이 소요된다. 공법(貢法)은 토지에 대한 세금을 말하는 것으로, 토지의 면적에 그해의 소출 실적을 감안하여 세금이 부과된다. 요즘으로 말하면 소득세와 재산세를 합친 것이다. 공법은 백성들의 삶과 직결되는데, 이는 전통 사회에서 토지가 거의 유일한 생산수단이었으며 사회 부의 대다수가 토지를 통해 창출되었기 때문이다.

당시 토지에 대한 세금은 명확한 기준 체계가 없었다. 때문에 조사관 임의대로 부과되는 경우가 많아 백성들의 불만이 높았다. 세종은 이러한 징수 체계를 손질할 필요가 있다고 판단하고 호조에 개정안 제출을 지시한다.

"예로부터 제왕이 정치를 할 때는 반드시 한 시대를 올바로 이끌 수 있는 제도를 마련해 왔다. (중략) 다스림을 이루는 요체는 백성을 사랑하는 것보다 앞서는 것이 없는데, 그 시작은 바로 백성에게 부과되는 제도에 달려 있다. 그중에서도 전제(田制)만큼 중요한 것은 없다. 전제의 경우 해마다 조정에서 조사관을 뽑아 각 도에 파견하여 작황과 수확 정도를 정확히 조사하여 그에 맞는 적절한 세금을 부과하도록 하였는데, 간혹 조사관으로 파견된 사람들이 내 뜻을 따르지 않고, 백성들의 고통은 외면한 채 자신들의 기분에 따라 세를 올리고 내리니 내 이를 매우 못마땅하게 여기던 터였다. (중략) 이 폐단으로부터 백성들을 구제하고자 한다면 마땅

히 공법에서 방법을 찾아야 할 것이다."¹³⁴

몇 년에 걸친 실태 조사와 실무 준비 과정을 거쳐 호조에서는 토지 1결마다 쌀 열 말을 세금으로 거두되, 토지가 척박한 평안도와 함경도는 일곱 말을 거두고 재해로 농사를 망친 경우에는 세금을 면제해 주자는 안을 제출했다.¹³⁵ 세종은 이에 대해 "정부 및 육조와, 각 관청과 서울에 살고 있는 전직 관료, 각 도의 감사, 수령, 벼슬아치부터 민가의 가난하고 비천한 백성들에 이르기까지 모두 이 법에 대한 찬반과 의견을 물어서 내게 보고하라."라고 명령한다.¹³⁶ 전 국민을 상대로 한 여론조사가 실시된 것이다.

세종은 "지금까지 농사의 작황과 수확을 조사할 때 공정하지 못한 경우가 매우 많았다. 간사한 자들이 농간을 부려서 부자들의 이익을 충족해 주고 가난한 이들을 괴롭히는 일이 발생할까 봐 늘 우려하고 있다. 각 도에서 조사 결과가 모두 도착해 오면 보다 자세히 논의하자."라며 "만약 백성들이 새 법을 반대한다면 시행하지 않을 것이다."라고 말했다.¹³⁷ 백성의 이해와 직결되는 제도이기 때문에 무엇보다 백성들의 의사를 가장 중요하게 고려하겠다는 것이었다.

마침내 1430년 8월 10일, 전국에서 수합된 의견이 모두 정리되어 보고됐다. 이에 따르면 총 17만 2806명에게 의견을 물었고, 이 중 찬성은 9만 8657명, 반대는 7만 4149명이었다. 세종 때의 조선 인구는 성인 장정 기준 70~80만 명으로 추정되는데 조사 대상자도 성인 장정이었을 것이므로 대략 전체 인구의 4분의 1이 참여하는 광범위한 여론조사였다. 조사 결과는 찬성이 많았지만 세종은 바로 법을 시행하지 않았다. 토지가 비옥한 남부 지방은 찬성 비율이 압도적으로 높고, 토지가 척박한 북부 지방은 반대 비율이 월등히 높았기 때문이다. 이는 새 법이 지역적 특성을 고려하지 못한 한계가 있는 것이므로, 이 부분을 보완하지 않은 채 일률적으로 시행해서는 안 된다는 것이 세종의 판단이었다.

그 때문에 세종은 다른 대안을 요구했다. 실무 토의가 이어졌고, 말단부터 고위 관리까지 모두 참여하는 집단토론이 여러 차례 벌어졌지만 명확한 결론이 나지 않았다. 일이 계속 지지부진해지자 4년 후 세종은 "선왕들께서 만든 법을 경솔하게 바꿀 수 없다는 이유로 그동안 공법을 시행하지 못하고 있었다. 그러나 기존 제도의 폐단이 이처럼 심각하니 우선 1~2년 동안 시험적으로 실시해 보는 것은 어떻겠는가?"라며 그때까지 종합된 안을 가지고 시범 실시를 하도록 했다.[138] 그리고 그 결과가 성공으로 나타나자 "공법의 시행을 원하는 백성들이 많았지만 조정의 의견이 갈라져 있어서 시행하지 못한 지가 여러 해이다. (중략) 호조에서는 우리나라와 중국의 역사 속에서 폐단을 일으키지 않고 시행되었던 좋은 법들을 모두 참고하여 어떻게 하면 이 공법을 오래도록 전할 수 있을지 그 방법을 숙고하라. 그리하여 세부 시행 절차를 면밀하게 마련하여 아뢰도록 하라."라고 지시한다.[139] 시범 실시 결과에 만족하지 말고 세부적인 사항들까지 면밀하게 보완해서 보다 완벽한 법을 만들라는 지시였다. 그리고 마침내 1443년, 토지가 비옥한 정도에 따라 조세를 부과하는 전분 6등법과 농사의 풍흉년 정도에 따라 조세를 부과하는 연분 9등법을 근간으로 하는 공법이 확정된다.[140]

기존 제도나 관행에서 문제가 발견되면 고쳐야 하는 것은 당연하다. 하지만 전쟁을 치르듯 속전속결로 처리하다가 빈틈이 생기면 오히려 전보다 더 큰 문제가 발생할 수 있다. 그러므로 새로운 법이나 정책을 시행할 때는 혹시라도 발생할 수 있는 폐단은 무엇인지, 악용될 가능성은 없는지 세심하게 살펴야 한다. 0.1퍼센트의 허점도 없도록 최선을 다해야 한다. 개혁의 속도가 빠르다고 다 좋은 것은 아니다. 속도보다 중요한 것은 내용의 철저함이다.

25 문제의 근원을 살펴 바로잡는다

길을 잘못 들어섰을 때는 그 자리에서 두리번거리기만 할 것이 아니라 애초 출발했던 곳으로 다시 되돌아가야 바른 길을 찾기가 쉽다. 마찬가지로 어떤 문제가 발생했을 때 드러난 현상만 해결하려고 하는 것은 근본적인 해결책이 되지 못한다. 문제가 발생하게 된 원인 자체를 바로잡지 않으면 문제는 언제든지 다시 일어날 수 있다.

1863년 고종이 즉위하면서 집권한 흥선대원군은 오랜 세도 정치로 쇠약해진 조선을 바로잡고자 다양한 개혁을 시도했다. 대원군의 개혁은 현상의 개선이나 보완이 아니라 문제가 되는 원인 자체를 제거하는 것에 초점이 맞춰져 있었다. 대표적인 것이 서원 철폐이다.

조선 후기 들어 서원은 성현을 본받는다는 본래의 정신을 잊은 채 자신들의 조상을 사사롭게 높이는 수단으로 이용되었을 뿐 아니라, 집집마다 서원이라는 말이 나올 정도로 수가 무분별하게 늘어났다. 서원은 사대부들이 파벌화하고 세력화하는 근거지가 되었으며, 서원에 입학한 사람은 군역(軍役)이 면제되었기 때문에 병역기피자의 소굴이 되기도 했다. 그뿐만 아니라 서원은 고을의 윤리를 바로잡는다는 명분을 내세우며 자기들 마음대로 백성들을 호출하여 사사롭게 형벌을 가하고 금품을 갈취하였지만 관청에서는 이것을 단속하지 못했다. 제멋대로 면세 토지를 확대하고 관청의 업무에 사사건건 개입하기도 했다.

서원이 국가와 백성들에게 끼치는 피해가 극심하자 흥선대원군은 임금이 직접 이름을 지어 준 사액서원 47개소만 남기고 모두 문을 닫게 했다. 양반들의 거센 반발을 불러올 수 있는 사안이었지만, 법적 규제나 제도 개선 같은 온건한 방법으로는 문제를 해결할 수 없다는 것이 대원군의 판단이었다. 나무가 이미 뿌리째 썩어 있을 때는 영양제를 주고 가지를 쳐 주는 것만으로는 소용이 없다. 대원군은 아예 서원의 문을 닫아 버림으로써 문제의 싹을 도려내고자 한 것이다.

대원군이 사창제(社倉制)를 실시한 것도 같은 맥락이다. "오늘날 백성들이 환곡보다 더 싫어하는 것은 없습니다." 1867년, 당시 호조판서였던 김병국의 말이다. 환곡(還穀)은 조선 후기 백성들에게 매우 심각한 고통을 안겨 주었다. 원래 환곡은 백성을 구제하기 위해 만든 제도로 흉년이나 춘궁기인 봄에 곡식을 대여하고, 추수기인 가을에 거둬들이는 것을 말한다. 왜 이 제도가 미움의 대상이 되었을까.

조선 초기의 환곡은 국가에서 운영하는 의창(義倉)을 통해서 이루어졌다. 의창 운영은 각 고을의 수령이 맡았는데 수령이 마음먹기에 따라 나쁜 방향으로 운영될 여지가 많았다. 가령 곡식을 빌려 줄 때는 작은 되로 재고 돌려받을 때는 큰 되로 잰다면 곡식을 빌린 백성은 손해를 보고, 그 차익은 수령이 가져가게 된다. 조정에서는 당사자인 백성이 직접 되를 재고 무게를 달도록 법에 규정해 그러한 폐단을 차단하고자 했지만, 수령이 나쁜 마음을 먹으면 힘없는 백성으로서는 어찌할 도리가 없었다.

또 환곡은 수령이 감사에게 보고하고 감사는 호조에 통보하여 회신을 받은 다음에야 출납할 수 있었기 때문에, 곡식이 절실하게 필요한 긴급 상황이 발생해도 행정 처리에 드는 시간 때문에 때를 놓치는 일이 잦았다. 환곡이 준조세화된 것도 문제였다. 빌려 준 곡식을 되돌려 받을 때 같이 받는 이자를 국가 재정에 활용하기 시작하면서, 이 수익을 안정적으로 유지하기 위해 환곡을 사실상 의무화한 것이다. 곡식이 필요하지 않은 사람도 무조건 곡식을 빌려야 하고 그에 따른 이자도 부담하게 되면서 백성들의 원성이 높아졌다.

조정은 이러한 문제들을 방치했다. 환곡 제도를 개선해 백성들의 부담을 줄여야 한다고 입을 모았지만 실현 가능성이 낮거나 지엽적인 대안만 내놓았을 뿐이었다.

대원군이 시행한 사창제는 환곡의 운영 체제를 근본적으로 바꿈으로써 이러한 문제점들을 해결하고자 한 것이다. 사창은 관에서 운영하는 의창과는 달리 민간의 지역공동체가 운영한다. 민간에 운영을 맡길 경우 안정성이 떨어진다는 단점이 없지 않았지만, 향촌에서 자치적으로 경영하는 것이므로 백성들이 관리의 수탈에서 벗어날 수 있으며 관의 행정 처리를 기다리느라 시간을 허비하지 않고 필요가 발생할 때마다 신속히 대처할 수 있는 장점이 있었다.

문제의 근원을 제거하는 것은 제도나 법뿐 아니라 국가 안보에도 적용될 수 있다. 태종에 의해서 단행된 대마도 정벌이 대표적인 사례이다. 대마도의 왜구가 한반도 해안을 침탈한 역사는 꽤 오래되었다. 그 횟수도 헤아릴 수 없을 정도로 많았고, 고려 말기에는 한 번에 500여 척의 배가 쳐들어오는 등 규모도 갈수록 커졌다.

그러던 1419년 5월 7일, 충청도와 황해도에 왜구가 침범해 횡포를 부렸다는 보고가 전해지자 상왕 태종은 "우리가 계속 약한 모습을 보인다면 우환은 끝없이 이어질 것이다."라며 대마도를 정벌하겠다고 발표했다.[141] 수세적인 방어전은 상황을 잠시 유예할 수 있을 뿐 근본적인 해결책이 되지 못한다. 그래서 아예 선제 공격을 통해서 화근을 없애 버리겠다는 것이었다.

정벌군은 크고 작은 적선(賊船) 129척을 빼앗아 불사르고 왜구 114명을 죽이는 등 승전을 올렸다. 포로로 잡혀 있던 많은 중국인과 조선인들을 구해 내는 성과도 거뒀다. 완벽한 승리라고 할 수는 없었다. 작전 실패로 조선 병사 180명이 전사했고, 대마도주에게서 명시적인 항복을 받아 내지 못했다.

하지만 이 전쟁을 통해 조선은 언제든 마음만 먹으면 대마도를 응징할 수 있음을 행동으로 보여 주었다. 그동안 대마도에서는 조선이 먼바다를 건너 자신들을 직접 공격하지는 못할 것이라고 판단하고 함부로 움직였다. 그런데 조선이 대규모 군사를 동원해 대마도를 쳐서 강력한 경고를 보냄으로써 왜구는 크게 움츠러들게 된다. 덕분에 이후 오랫동안 왜구는 조선의 해안을 감히 침범하지 못했다.

중국 고대의 전설적인 명의(名醫) 편작은 "병이 살갗에 있을 때는 간단한 치료로 다스릴 수 있고, 피부 속으로 파고들어 갔을 때는 침으로 다스릴 수 있다. 장기까지 침범했을 때는 강한 약으로 치료해야 한다. 하지만 병이 골수에까지 미친다면 신도 어쩔 수가 없다."라고 말했다. 어떤 제도에 처음 문제가 나타날 때는 제도에 빈틈이 있거나 실행 과정에서 잘못한 경우가 많다. 이 경우에는 간단한 개선이나 보완을 통해 문제를 바로잡을 수가 있다. 그러나 상황을 방치하면 문제는 제도 전체로 스며들고 나아가 제도가 만들어진 본래의 목적과 취지까지 오염시켜 버린다. 이때는 아무리 고통이 크고 반발이 심해도 과감히 근원을 도려내야 한다. 그렇지 않으면 하나의 제도를 망하게 하는 것이 아니라 국가 전체를 위험에 빠트리고 구성원들을 병들게 하여, 신이라도 어쩔 수 없는 상황이 초래될 수 있다.

26 때로는 판 자체를 뒤엎는다

개혁을 추진할 때 반대가 나오는 이유 중 하나는 그것이 불안하기 때문이다. 특히 구성원들에게 익숙한 것, 당연하다고 생각되는 것을 개혁하려 할 때 반발의 강도는 더욱 세진다. 생활의 안정을 위협하는 행위로 비쳐지고 기존의 '훌륭한' 질서를 무너뜨리려는 도발로 받아들여지는 것이다.

반발을 극복하고 반대하는 사람들을 설득하기 위해서는 불안함을 해소해 주는 것이 우선이겠지만, 여기서 한 걸음 더 나아가 생각의 틀을 뛰어넘어 새로운 질서를 구축하는 방법도 있다. 안정적으로 보이는 것, 당연하다고 생각했던 것들이 실은 잘못되었음을 보여 주는 것이다. 기존 사유의 판을 아예 전복해 버림으로써 그동안의 생각을 근본적으로 회의하도록 이끄는 것이다.

세종의 훈민정음 창제는 당시 사람들이 상상할 수 있었던 한계를 넘어서는 사건이었다. 이는 중국의 글자를 사용하는 것에 대해 어떠한 의문도 가져 본 적이 없으며 일상생활에서 사용하는 말과 문자는 다를 수밖에 없다고 믿었던 사람들의 생각을 산산이 깨는 대변혁이었다.

훈민정음 창제는 백성들에 대한 배려에서 시작됐다. 1428년, 진주에 사는 김화라는 사람이 자신의 아버지를 죽였다는 소식을 듣고 세종은 큰 충격을 받았다. "남편을 죽이고 주인을 죽이는 것은 간혹 있는 일이지만, 아비를 죽이는 자식이 생겨난 것은 오로지 내 덕이 부족하기 때문이다."[142] 이에 세종은 백성을 교화할 수 있는 책을 만들도록 지시했고 『삼강행실도』가 편찬되었다. 하지만 걱정이 생겼다. "백성들이 문자를 알지 못하니 책을 나눠 주어도 다른 사람이 가르쳐 주지 않으면 어찌 그 뜻을 알아서 감동하고 착한 마음을 불러일으킬 수 있겠는가."[143] 이해를 돕기 위해 책에 그림을 그려 놓고, 글자를 아는 사람이 글자를 모르는 사람을 정성껏 가르치도록 명령을 내렸지만 근본적인 해결책이 될 수는 없었다.

백성들이 이해하기 쉽도록 법전을 쉽게 편찬하는 문제도 세종의 고민이었다. 당시 법전은 법을 집행하는 관리들이 읽기에도 너무 어렵게 씌어 있었다. "배운 사람들도 법조문을 보고 나서야 자신이 저지른 죄가 가벼운지 무거운지를 판단할 수 있거늘, 백성들이 어찌 그 어려운 법조문을 읽고서 자신이 저지른 죄를 깨닫고, 범죄의 중대함을 알아서 스스로 고치겠는가."[144] 세종은 법을 이두로 번역하여 백성들에게 반포하라고 하였지만 이것만으로는 충분하지 않다고 생각했다.

이에 세종은 우리나라만의 새로운 글자를 모색하기 시작했다. 당시 조선은 한자를 빌려 썼는데, 우리말인 구어(口語)와 한자인 문어(文語)가 분리되어 일상에서 쓰는 말을 그대로 문자로 옮길 수가 없었다. 한자를 배우기 어려운 일반 백성들은 아예 자신의 뜻을 문자로 옮길 수 있는 기회를 차단당했다. 지식을 습득하는 것은 말할 나위도 없었다. 하지만 수천 년간 한자를 사용해 온 습관 때문에 우리말에 맞는 우리 문자가 필요하다는 생각은 누구도 하지 않았다.

세종은 이러한 사고를 뿌리째 흔들었다. "지세가 다르면 기후가 다르고 기후가 다르면 사람들이 숨 쉬는 것조차 다른 법이다. 우리의 지리와 기후 조건이 이미 중국과 다른데 어찌 중국어의 어음(語音)이 우리와 부합할 수 있겠는가?"[145] 세종은 당연하다고 믿어 왔던 것에 또 다른 당연한 의문을 던짐으로써 사안을 원점에서 다시 생각하게 했다.

세종은 오랜 노력 끝에 새로운 스물여덟 문자를 만든다. 여기에 대해 집현전 최만리가 반대의 상소를 올렸다. 요지는 새로운 문자를 만드는 것이 첫째, 중국을 섬기고 중화(中華)의 제도를 사모하는 정신에 어긋나며 둘째, 우리 스스로 오랑캐와 같아지는 행위이며 셋째, 이미 이두를 쓰고 있으니 상스럽고 무익한 글자를 굳이 만들 필요가 없으며 넷째, 언문을 배우면 따로 문자(한자)를 배울 필요가 없어서 열심히 공부하지 않을 것이니 학문에 방해가 되고 정치에 아무런 이익을 주지 못한다는 것이었다. 여러 가지 논리를 제시하고 있지만 최만리가 주장하는 핵심은 '용음합자(用音合字)'에 있었다. 즉 최만리는 훈민정음이 초성, 중성, 종성의 음을 합쳐서 글자를 만드는 것을 비판했다. 이는 오랑캐나 하는 짓이라는 것이다. 세종은 곧바로 반박한다. "그대들이 말하기를 음을 합하여 글자를 만드는 것이 옛것에 어긋나는 일이라고 말하는데, 설총의 이두 또한 음을 다르게 하여 만든 것이 아니냐?"[146]

최만리가 표음문자를 문제 삼은 것은 일반 백성들이 지식에 눈뜨는 것을 꺼려서라고 볼 수 있다. 세종의 의도처럼 누구나 쉽게 자신의 생각과 말을 문자로 표현할 수 있고, 그렇게 표현된 문자를 쉽게 읽을 수 있다면 백성들의 지적 수준은 크게 향상될 것이다. 그렇게 되면 수천 년간 지식을 독점해 왔던 사대부들의 기득권이 위협받을 수 있기 때문에 최만리는 이를 필사적으로 저지하려 했던 것이다.

하지만 사대부의 공개적인 반발은 최만리가 주도한 상소 외에는 더 이상 보이지 않는다. 전혀 예상하지 못했던 사안일 뿐 아니라, 백성을 위한다는 명분을 거부하기도 힘들었다. 새로운 글자가 만들어지더라도 기존 한문 질서를 위협하지 못하리라는 생각도 있었다. 훈민정음 창제가 갖는 문명적, 지성적 의미를 어느 정도나마 파악한 사람은 역설적으로 가장 큰 반대자였던 최만리뿐으로 생각된다.

판 자체를 뒤흔드는 것은 반대를 돌파하여 목적을 달성하는 효과적인 방법이 될 수 있다. 전 왕조의 기득권을 약화하고 신흥 세력의 기반을 확보하기 위해 한양 천도를 단행한 태조나 불가침의 영역으로 여겼던 서원을 철폐하여 개혁 반대 세력을 제압한 흥선대원군도 그렇게 성공을 거뒀다.

모든 시작은 위태로운 법이다. 현재의 제도나 정책들도 처음 도입되었을 때는 똑같이 낯설었을 것이다. 검증되지 않아서 낯설고 위태로워 보이지만 그렇다고 아무런 노력도 하지 않는다면 아무것도 이뤄지지 않는다. 관행의 속박과 선입견의 굴레에서 벗어나 상황을 바라볼 수 있어야 한다. 당연하다고 생각되는 것을 다른 각도로 바라보면서 새로운 가능성을 발견해야 한다. 그래야 낯설음은 익숙함이 되고 개혁과 진보도 시작된다.

27 공은 나누고 책임은 짊어진다

"이번 일로 백성들에게 혜택이 가게 된다면 그 공은 경들과 함께 나눌 것이고, 백성으로부터 원망을 받게 된다면 그 원망은 나 혼자서 들을 것이다."[147]

영조가 균역법(均役法)을 도입하는 과정에서 반발이 거세지자 한 말이다. 실패의 책임은 전적으로 자신이 지겠다는 것이었다.

개혁을 성공시키기 위해 가장 필요한 것은 철저한 준비와 빈틈없는 내용이다. 올바른 방향성도 중요하다. 하지만 이것이 모두 갖추어진 개혁도 실패하는 경우가 많다. 개혁이 초래할 비용을 두려워하기 때문이다. 개혁으로 인해 손해를 보는 집단의 반발과 그 집단을 설득, 혹은 제압해야 하는 과정에서 소모되는 에너지가 부담이 되는 것이다.

그래서 개혁에는 리더의 추진력과 결단이 요구된다. 리더는 개혁의 결과에 대해 모든 책임을 지겠다는 자세를 보이고 전면에 나서서 개혁을 이끌어야 한다. 리더가 직접 주도하여 개혁의 대의를 강조하고 당위성을 설득해야 개혁을 찬성하는 세력이 힘을 얻고 선택을 관망하던 세력도 개혁에 동참할 것이다.

"옛 성현의 가르침에 '백성은 나라의 근본이니 근본이 튼튼해야 나라가 태평하다.'라고 했다. 오늘날 이 나라는 과연 근본이 튼튼하다고 말할 수 있겠는가? 백성들이 과연 편안하다고 말할 수 있겠는가? 백성들은 지금 도탄에 빠져 있다. 옛날 이윤(伊尹)은 단 한 사람의 백성이라도 제 자리를 얻지 못하면 자신이 저잣거리에서 매를 맞는 것처럼 부끄럽게 여겼다. 하물며 몇십만의 백성들이 못살겠다고 아우성인데도 임금이 되어 이들을 구제해 주지 못하고 있으니, 이 어찌 백성의 부모 된 도리라 하겠는가. 지금 균역법을 실시하고자 하는 것은 선대왕들의 뜻을 이어받아 백성을 소중히 여겨 나라의 근본을 튼튼하게 하려는 것이다."[148]

영조는 위와 같은 말과 함께 장정 1인당 두 필씩 부과되던 군포를 한 필로 감축하는 균역법을 단행했다. 조선의 백성들은 기본적으로 토지세와 신역(身役), 공납(貢納)의 의무를 지는데, 각각 쌀, 노동력, 특산물을 부담한다. 이 중 신역은 양인(良人) 장정(壯丁)에게 부과되기 때문에 '양역(良役)'이라고 불렀으며, 일정 기간을 군대에 복무하는 군역이 대표적이다. 군역은 현역 복무자인 정군(正軍)과 정군의 소요 경비를 담당하는 보인(保人)으로 구성되며, 나라에서는 보인들에게서 군포 두 필을 거둬들여 재정을 충당했다. 그런데 17세기 들어 문제가 발생한다. 전쟁, 기근 등으로 장정 수가 급감한 데 반해 전후 복구, 국방력 확충 등 군포에 대한 재정 수요는 급증한 것이다. 중앙 조정은 재원 확보를 위해 고을별로 할당량을 정해 놓고 미달할 경우 강제 징수하도록 했다. 그러자 수령들은 할당량을 채우기 위해 백성들에게 이중 부과를 했다. 심지어는 어린아이나 죽은 사람에게까지 군포를 거두는 일이 벌어졌다.

　　게다가 양반은 양역의 부과 대상이 아니었다. 부유한 평민들도 양역 장부에서 빠져나갔다. 때문에 일반 백성들에게 지워지는 부담이 더욱 가중될 수밖에 없었다. 양역이 주는 고통으로 인해 백성들의 원망이 날로 심해지자, 조정에서는 이를 방치했다가는 국가 자체의 존립마저 위협받을 것이라고 판단했다. 그래서 양역을 개혁하는 작업, 소위 '양역 변통'을 추진하게 된다. 양역 변통은 인조에서부터 숙종 대까지 계속 추진되어 왔지만 특별한 성과를 거두지는 못했는데, 이제 영조에 이르러 큰 전환점을 맞이하게 된 것이다.

당시 신하들에 의해 양역 변통의 방법으로 제시된 방안들은 조세 경감이 아니라, 조세 균등 부과에 초점이 맞추어져 있었다. 장부에 누락되어 있는 인원을 찾아내고 고의로 역을 회피하고 있는 사람들을 색출하여 추가적인 세원을 확보하자는 것이었다. 사람이 아닌 가구를 기준으로 하여 군포를 부과하는 호포제, 소유한 토지의 넓이에 따라 군포를 부과하는 결포제 등도 제안되었다. 그러나 이러한 방안들로는 세원을 늘릴 수는 있어도 백성들의 부담을 덜어 줄 수는 없었다. 영조는 균역법을 제시하며 "'균(均)'의 뜻은 바로 '경(輕)'이다."라고 말했다.[149] 즉 역을 진정으로 '균등하게' 부과하는 길은 이제껏 지나친 부담을 짊어지고 있는 백성들의 고통을 '가볍게' 해 주는 데 있다는 것이 영조의 생각이었다.

군포를 한 필로 감축한 영조의 조치는 백성들의 부담을 획기적으로 줄여 주는 것이었지만 반발이 뒤따랐다. 나라의 지출은 그대로 유지하면서 백성들이 내는 세금을 줄이려 하니, 그만큼 부족해진 재원을 충당하기 위해 새로운 세원을 발굴해야 했다. 새로운 세원은 결국 그동안 양역을 부담하지 않던 사람들에게서 나올 수밖에 없었다. 없던 과세가 갑자기 부과된 이들의 반발은 필연적인 것이었다. 양반과 부유층 등 기득권 세력이 그 대상자였기 때문에 반발의 강도는 더욱 거셌다.

하지만 영조는 굴복하지 않았다. 유생들이 균역법 시행을 반대하자 그는 다음과 같이 되물었다. "너희들은 유생에게 세금을 부과하는 것을 불가하다고 여길지 모르나, 무릇 부역이란 위로는 재상에서부터 아래로는 선비와 서민에 이르기까지 고르게 부과해야 하는 것이다. 너희들이 백성을 바라볼 때는 '너'와 '나'의 구별이 있을지 모르겠으나, 내가 볼 때는 너희나 백성들이나 모두 나의 자식일 따름이다. 어찌 차이가 있을 수 있겠는가? 내가 만일 사가에 머물고 있다면 나 또한 당연히 세금을 냈을 것이다."[150]

그런데 이 정도만으로는 세수 부족을 해결할 수 없었다. 그래서 정부 지출을 줄이고 불필요한 기구들을 합병하는 조치가 연이어 시행되었고, 선무군관포(選武軍官布)와 어염세(魚鹽稅)가 보충세로 채택되었다. 선무군관포란 양민 중 집안 형편이 부유하면서도 군역을 회피하고 있던 자들을 선무군관으로 만들어 포 한 필을 부과한 것을 말한다. 군역 회피자들을 징계하지 않고 오히려 군관으로 삼는 우대 조치를 취함으로써 적극적인 유인책을 사용한 것이다. 어염은 고기잡이, 소금, 선박 운영 등 바다에서 얻을 수 있는 이권 사업을 총칭하는 말이다. 그동안 어염세는 왕실에서 거둬 갔는데 이를 국가의 세원으로 돌린 것이다. 어염세의 국가세제화는 왕실에 경제적 타격을 주는 것이었지만, 한편으로는 왕실이 개혁을 위해 희생하는 모습을 솔선수범해 보임으로써 반대자들을 설득하는 수단으로 활용되었다.

영조는 "조금만 착오가 있어도 국가의 존망이 판가름 날 것이다. 하지만 맹자가 말했듯 백성을 보호하면서 왕 노릇을 하면 아무도 막지 못할 것이다."[151]라며 균역법의 흔들림 없는 시행 의지를 거듭 강조했다. 개혁이 저항에 부딪힐 때마다 직접 궐 밖으로 나가 백성들을 직접 만나서 의견을 듣는 순문(詢問)을 단행하여 여론의 지지를 확보했고, 자신이 모든 책임을 진다며 실무자들을 격려했다. 이러한 영조의 노력 덕분에 균역법은 거센 반발을 뚫고 대동법과 더불어 조선 후기의 대표적인 개혁으로 결실을 거두게 된다.

28 빈틈없는 사후 조치로
완벽한 성공을 일군다

바둑에는 복기라는 것이 있다. 승부가 끝난 후 승자와 패자가 한 판 전체를 그대로 다시 두면서 토론을 하는 과정이다. 내가 놓은 수(手)의 의미가 무엇인지, 어떤 상황을 염두에 두고 그런 수를 놓은 것인지, 이때 다른 대안은 없었는지 활발히 의견을 주고받는다. 이러한 사후 검토를 통해 승자는 승리 요인을 확인하고 그것을 더욱 확고하게 만들 수 있고, 패자는 패배 이유를 깨닫고 이것을 보완해서 다음 승부를 준비할 수 있다.

추진하던 일이 종료되었다고 해서 할 일이 모두 끝나는 것은 아니다. 반드시 사후 조치가 뒤따라야 한다. 성공했다면 성공을 유지하고 확산시키기 위해 노력해야 하고, 실패했다면 드러난 문제점을 검토하여 보완하고 실패 요인들을 찾아내 반성의 계기로 삼아야 한다. 그래야 다음 일에서 성공을 기약할 수 있다.

1432년 12월 9일, 평안도 감사로부터 장계가 도착했다. 여진족 기병 400여 명이 국경을 넘어 쳐들어와서 백성들을 붙잡고 곡식과 재물을 노략질했다는 것이다. 그들을 추격하여 붙잡혀 가던 사람과 물자의 일부를 도로 되찾아 왔지만, 이 과정에서 조선군 수십 명이 전사하거나 부상당했다. 보고를 받은 세종은 크게 진노했다.

세종이 군사적 응징을 천명하자 대부분의 신하들이 반대했다. 오랑캐는 교린정책에 따라 인의(仁義)로 대해 주어야지 섣부르게 무력으로 정벌에 나섰다가는 실패할 확률이 높다는 것이다. 또한 여진을 정벌하기 위해서는 명나라의 국경을 넘어가야 하기 때문에 명나라가 이것을 허락해 줄지도 확신할 수 없다는 것이다. 신하들은 "치욕을 당하고 잠자코 있는 것은 옳지 않으니 사람을 보내 저들의 죄를 엄하게 따져 묻되" "반성하면 전과 같이 대해 주고 그렇지 않으면 저들을 내버려 두고 국경을 튼튼히 하는 데에만 집중하자."라고 주장했다. "우리가 국경을 굳게 지키고 있으면 얼마 지나지 않아 저들이 먼저 와서 화친을 청할 것입니다."라는 것이 신하들의 생각이었다.[152]

세종은 일단 신하들의 의견을 따랐지만 이번 사태를 도저히 묵과할 수 없다고 판단했다. 그동안 여진족들이 갖은 문제를 일으켰지만 조선은 계속 참으며 잘 대해 주었고, 여진 부족과 평화를 유지하기 위해 노력했는데 다시 이와 같은 일을 벌이니 이번에야말로 실력을 행사할 필요가 있다고 여겼던 것이다. 세종은 한 달여간 고심한 끝에 마침내 정벌을 결심했다. "지난번 경들이 '파저강(婆猪江) 여진족의 소행을 모르는 척하고 그대로 두자.'라고 하였으므로 나도 동의했는데 지금 다시 생각해 본즉, 야인(野人)들이 아무런 이유도 없이 국경을 침범하여 우리 백성들을 죽이고 사로잡아 가는데 나라에서 가만히 앉아서 보고만 있는 것이 말이 되는가. 이는 앞으로도 저들이 계속 침범하게 될 싹을 남겨 놓는 일이다."[153]

세종은 정벌 전쟁을 위해 사전 준비를 철저히 했다. 여진족에 약탈당한 지역의 백성들에게 물자를 지원하여 국경 지대의 민심을 수습하고[154] 신무기를 배치하도록 했다.[155] 현지 사정에 밝은 무장들을 파견하여 정벌할 지역의 지형과 상황을 자세히 살폈으며[156] 2월 15일과 17일, 26일, 27일에 걸쳐서 의정부와 육조, 군부의 주요 관리들이 모두 참여하는 전략 전술 회의를 열었다. 이 자리에서 정벌전의 명분을 확정하고 전시 대명, 대여진 외교 전략을 논의하였으며, 토벌과 관련된 모든 전술과 방안들이 기획되었다.

군수물자와 병력 조달 방법, 정벌군 편제에 관해서도 사소한 부분까지 세밀하게 검토되었다.

정벌군 편성과 준비 작업이 모두 완료되고 정벌의 세부적인 내용까지 그려지자 세종은 갑작스레 온양 온천으로 떠났다. 세종은 한 달 가까이 온천에 머물며 매사냥을 구경하고 백성들에게 잔치를 열어 준다. 세종이 재위 기간 내내 여러 가지 병을 앓느라 치료 목적으로 자주 온천에 다녀오기는 했지만, 이 시기에 특별히 몸이 좋지 않았다는 기록은 없다. 임금이 서울을 떠나 온천에 가는 여유로운 모습을 대내에 과시함으로써 백성들에게 전쟁에 대해 걱정할 필요가 없다는 메시지를 전달하기 위한 것으로 보인다. 조선의 움직임을 예의 주시하고 있었을 여진족을 혼란시키는 효과도 가져왔을 것이다.("야인들을 안심시켜 저들이 방심했을 때 공격해야 한다."[157]) 세종은 4월 20일에 환궁했는데, 이는 정벌군이 정벌 작전을 개시한 바로 직후였다.

여진 정벌군은 승전을 올렸다. 나흘간의 전투 끝에 183명을 죽이고 248명을 생포했지만 아군의 피해는 전사 네 명에 불과했다.[158] 세종은 정벌전이 끝난 뒤에 오히려 더 바쁘게 움직였다. "내가 보위에 오른 뒤 주로 문치(文治)에 힘을 쓰고 군사의 일에는 마음을 두지 않았다. 내 어찌 큰일 벌이기를 좋아하고 공을 이루기를 즐겨서 야인을 정벌했겠는가. 적이 먼저 우리에게 해를 끼쳤으므로 부득이 행한 것이다. 다행히 이번에 크게 승리하여 진실로 기쁘나 또한 두렵구나. 지금은 비록 성공했더라도 어떻게 해야 이 성공을 보전하여 후환을 영구히 없앨 수 있겠는가."[159] 정벌 성공에 도취해 있을 것이 아니라 어떻게 하면 이 성과를 굳건하게 유지하여 항구적인 평화를 모색할 수 있을지를 찾아야 한다는 것이다.

세종은 곧 사후 조치에 착수했다. 조선군 전사자를 위한 위령제의 제문(祭文)을 직접 짓고 유가족을 위로했으며, 정벌전 과정에서 공을 세운 사람은 말단 병사까지도 공정하게 포상하는 등 군사들의 마음을 다독였다.[160] 전쟁 준비 과정에서 인력 징병, 물자 징발로 고생한 평안도와 황해도 백성들을 위해서는 세금을 감면해 주었다.

여진의 보복에도 철저히 대비했다.[161] 다른 여진 부족들을 회유하여 파저강 유역의 여진 부족을 고립시키고, 빈틈없는 국경 방비를 위해 방어군 체계를 보다 효과적으로 전환했으며, 유사시 백성들의 대피 대책도 마련하도록 했다. "우리나라는 근래에 평화가 계속되어 군사훈련을 소홀히 하고 있으므로 각 도에서는 진법 훈련을 시켜야 한다."라며 백성들에게 피해를 주지 않는 선에서 전투 준비 태세를 지속적으로 점검했다.

대내외적으로 빈틈없는 사후 조치를 통해 구성원들을 단결시키고 여진의 보복 공격을 예방하며 국경 경비 태세를 강화한 것이다. 다시는 여진족의 침략으로 인해 백성들이 피해를 입는 일이 없도록 하겠다는 세종의 의지는 단호했다.

추진한 일에서 성공을 거두었을 때 그 업적을 이어 갈 방법을 모색하기보다는 과시부터 하고 싶어 하는 지도자들이 있다. 더욱이 승전이라는 군사적 성취는 지도자의 위상을 높이고 왕권을 강화할 수 있는 절호의 기회였다. 하지만 세종은 정벌전 승리를 자축하거나 자신의 업적을 결코 내세우지 않았다. 오히려 업적에 안주하지 않고 후속 대책 마련에 몰두함으로써 일시적인 성공이 아닌 항구적인 성공을 위해 노력했다.

5부 건저 建儲

영원한 번영을 원하면
후계부터 바로 세우라

"후계를 정해 놓으셔야
사람들의 마음과 여망이 향하고 의지할 곳이 생깁니다.
그래야 나라도 태산처럼 굳건해지고
백성들의 불안도 사라지는 것입니다."

— 이준경

29 후계자를 세워
불시의 사태를 대비한다

"나라가 위태로운 지경에 빠져 있는데 세자의 자리가 비어 있어 백성들이 동요하고 있나이다. 속히 세자를 세워 민심을 안정시켜야 하옵니다."

"옳다. 경들은 누구를 세자로 세워야 한다고 생각하는가?"

1592년 4월 28일, 임진왜란이 발발한 지 보름도 채 안 돼서 왜군은 벌써 수도 한양을 위협하고 있었다. 전쟁을 치르는 왕은 적의 포로가 될 수도, 심지어 전사할 수도 있다. 만일의 사태를 대비하고 위험을 분산시키기 위한 보험으로 세자가 꼭 필요했기에, 선조와 신하들은 긴박한 와중에도 밤늦도록 세자 책봉 문제를 논의한다.

리더의 교체는 대부분 예상치 못했던 순간에 찾아온다. 리더가 갑자기 죽거나 병에 걸릴 수도 있고 어떤 사태에 대한 책임을 지고 물러날 수도 있다. 이때 리더의 빈자리가 곧바로 채워지지 않으면 조직은 위기를 맞는다. 리더의 부재는 결정과 책임의 공백을 의미하기 때문이다. 후계자를 미리 준비시키는 것은 리더의 즉각적인 승계가 요구되는 상황이 언제고 닥치더라도 차질 없이 대처하기 위해서이다.

군주 역시 마찬가지이다. 유사시에 군주를 대신할 수 있는 사람이 예비돼 있지 않으면 나라는 혼란에 빠지고 민심은 동요하게 된다. 사전에 왕위 계승자를 정해 두는 것은 빈틈없이 국정을 수행할 수 있도록 대비하고, 신하와 백성들에게 리더십 교체가 믿음을 주기 위해서였다. 후계자를 정한다는 뜻의 단어인 '건저'에서 '저(儲)'가 '만일을 위하여 예비로 저축한다.'라는 의미이고, 후계자인 세자를 '저군(儲君)'이라고 불렀던 것도 이 때문이다.

그런데 건저를 하지 않아 나라를 위기 직전까지 몰고 간 임금이 있었다. 대표적인 사례가 명종이다. 명종은 1563년 순회세자가 열세 살의 어린 나이로 죽은 후 더는 아들을 얻지 못했다. 그러다 명종의 병이 매우 위독해진 적이 있었다. 이때 대신들이 "세자를 세우는 문제에 대해 전하께서 아무런 말씀이 없으시니 신들이 답답할 뿐만 아니라 백성들도 몹시 불안해하고 있사옵니다."라는 상소를 올리자[162] 중전은 명종의 조카이며 훗날 선조가 되는 하성군(河城君)을 궁궐로 불러들여 병간호를 맡긴다. 임금의 병을 수발하는 것은 세자의 임무로, 중전의 개인적인 판단으로 하성군이 유력한 왕위 승계 후보가 된 셈이었다.

　　당시 명종은 의식이 없던 상황이었다. 신하들이 "주상께 아뢰고 결정하신 것입니까? 아직 아뢰지 않으셨다면 반드시 한 글자라도 전하의 친필을 받아 내리셔야 하옵니다."라고 절차상의 문제를 지적하자, 중전은 "만약 이 일을 전하께 아뢴다면 마음이 격동하여 증세가 더 나빠지실 것이다. 우선 이렇게 결정하고 전하께서 회복되시면 그때 다시 말씀드리도록 하겠다."라고 답변했다.[163] 그리고 얼마 후에는 "아뢰려 했더니 전하의 마음이 몹시 동요하셔서 자세히 말씀드리지 못했다."라고 말한다. 의식을 회복한 명종은 이런 상황이 탐탁지 않았던 것 같다. 병석에서 일어나자마자 후계자에 관한 논의를 중단시켰고, 자신의 병중에 이 문제가 거론된 것을 매우 불쾌하게 여겼다고 한다.

　　이후에도 명종이 세자를 정하지 않자 영의정 이준경이 우려를 표명했다.[164] "후계를 정해 놓으셔야 사람들의 마음과 여망이 향하고 의지할 곳이 생깁니다. 그래야 나라도 태산처럼 굳건해지고 백성들의 불안도 사라지는 것입니다." "사소한 일조차도 미리 대비하지 않으면 이루어지지 않는 법입니다. 일을 미리 준비해 놓으면 곤란하지 않게 되고, 방법을 미리 마련해 놓으면 군색하지 않게 됩니다."

또 그는 "서둘러 세자의 칭호를 내리실 것은 없고, 다만 종친 중에서 어진 사람을 골라 궁궐로 불러들여 가까이에서 전하를 모시게 하고 법도를 익히게 하면 사람들이 모두 전하의 마음이 어디로 향해 있는지를 알게 될 것이고, 민심 또한 자연스레 안정될 것입니다."이라고 건의했다. 나중에 왕자가 생기더라도 "궁궐로 불러들였던 종친을 다시 신하의 반열로 물러나게 하면" 된다는 것이다. 하지만 명종은 "내가 부족하여 누가 적당한지 아직 판단을 내리지 못하겠다."라며 거절했다.[165]

오래 지나지 않아 명종은 결국 후사 없이 죽음을 맞이했다. 1567년 6월 28일 새벽, 왕의 목숨이 경각에 달려 있다는 소식을 듣고 급히 달려온 이준경은 침상 아래로 다가가 후계자를 지명해 줄 것을 요청했다. 명종이 이대로 죽는다면 누가 왕위를 계승하느냐를 둘러싸고 조정이 혼돈에 휩싸일 것이 분명했다. 이전에 예종도 후계자를 정하지 않고 죽었지만, 그때는 걸출한 여걸이었던 정희왕후가 대왕대비로서 중심을 잡아 주었다. 하지만 이때는 그럴 만한 왕실의 웃어른이 존재하지 않았다. 이준경은 애타는 목소리로 명종을 거듭 불렀지만 명종의 눈과 입은 굳게 닫힌 채로 더 이상

열리지 않았다.[166]

명종은 왜 마지막 순간까지도 세자를 정하지 않았던 것일까? 명종이 이 문제에 대해 발언한 적이 없기 때문에 정확한 까닭을 알 수는 없다. 다만 왕들은 본래 심정적으로 후계자를 두는 것을 꺼려 하기가 쉽다. 왕위를 이어받을 세자가 존재한다는 사실 자체가 언젠가는 자신의 시대가 끝난다는 것을 전제로 하기 때문이다. 또 권력은 나눌 수 없는 것이다. 그런데 왕이 노쇠해지고 세자가 장성할수록 차기 권력인 세자를 향한 눈치 보기와 줄서기가 시작되면서 후계자가 권력의 경쟁자가 되어 버린다. 이는 아버지와 아들 사이라도 예외는 아니었다.

그러나 왕에게는 자신의 나라, 기업(基業)이 오래도록 이어지게 할 책임이 더 막중하다. 국가의 창업 정신을 전하고 앞선 군주들의 업적을 계승하여 공동체의 기틀을 확고히 하는 것. 그래서 왕조가 영원히 번영할 토대를 닦는 것. 이는 모든 왕들에게 주어진 지상 과제였다. 군주의 자리는 영원할 수 없으므로, 왕 자신이 물러나더라도 그 사명을 계속 이어 갈 후계자가 필요한 것이다.

명종도 미리 후계자를 준비했어야 했다. 왕이 죽은 후 국가의 지속 가능성은 후계자에게 달려 있다. 후계자를 정하지 않았다는 것은 곧 국가의 미래를 위험에 빠트리는 행위였고, 국가를 지탱하는 구심점의 부재로 백성들에게 불안감을 줄 수 있었다. 또한 왕위를 감당할 후계자는 하루아침에 만들어지지 않는다. 후계자가 부족한 점을 보완하며 성장할 수 있도록 다양한 학습 기회를 부여하고, 역량을 지속적으로 평가하고 관찰했어야 했는데 명종은 그럴 수 있는 시간을 마련조차 하지 않은 것이다.

더욱이 당시 왕실에는 왕의 직계뿐만 아니라 선왕들의 적자나 적손도 남아 있지 않았다. 왕위가 서자 출신의 방계(傍系)로 이어진 것은 그때까지의 조선 역사에서 처음 벌어진 일로, 새로운 왕은 후계자 교육을 받을 시간이 제대로 없었을뿐더러 무엇보다 정통성에 큰 약점을 가진 채로 왕위에 오를 수밖에 없었다.

명종이 사전에 세자를 정하고, 그 후계자를 중전의 양자로 입적하는 등의 조치를 취했더라면 정통성 부족에 따른 임금의 권위 상실 문제는 상당 부분 해소되었을 것이다. 그러나 명종은 아무것도 하지 않았고, 명종의 뒤를 이어 보위에 오른 하성군, 즉 선조는 선왕의 명시적이고 직접적인 지명을 받지 못한 데다 방계라는 출신의 한계로 인해 재위 기간 내내 정통성 콤플렉스에 시달리게 된다.

30 오늘보다
내일에 적합한 후계자를 고른다

누구를 후계자로 삼을 것인가? 이 질문에 답하기란 어렵지 않다. 당장 리더가 되어도 손색이 없는 사람을 뽑으면 된다. 구성원들을 단합시키고, 리더의 임무와 역할을 가장 잘 수행해 낼 수 있는 사람을 후계자로 선발하면 되는 것이다. 그런데 막상 이 정답을 실행에 옮기기는 만만치가 않다.

동양에서 군주의 자리는 하늘이 결정한다고 보았던 것도 이 때문이다. "요(堯)임금이 천하를 순(舜)임금에게 주셨다고 하던데, 정말로 그런 일이 있었습니까?"라는 제자의 질문에 맹자는 "아니다. 천자라고 해도 천하를 남에게 줄 수는 없다."라고 대답한다. 제자가 다시 "그렇다면 누가 주셔서 순임금이 천하를 얻게 된 것입니까?"라고 묻자, 맹자는 "하늘이 주셨다."라고 말한다. 물론 하늘이 직접 나서서 누군가에게 왕위를 주어 천하를 맡길 수는 없을 것이다. 그럼에도 맹자가 이렇게 말한 것은 왕위 계승자의 수준이 '하늘이 정해 준 사람'이라고 볼 수 있을 정도가 되어야 한다는 뜻이다.

"천하가 손해를 보게 하면서 내 아들 한 사람만 이롭게 할 수는 없다."[167] 요임금은 왕위를 아들이 아니라 덕망이 높았던 순에게 넘겼다. 순임금도 아들을 제쳐 두고 당시 나라의 최대 난제였던 홍수 방지 사업을 성공적으로 완수한 우(禹)에게 왕위를 물려준다. 왕이란 자리는 혈연과 상관없이 나라 안에서 가장 어질고 능력이 뛰어난 사람이 맡아야 한다고 생각했던 것이다.

하지만 이런 전통이 계속되기란 현실적으로 어려운 일이었다. 고대국가 체제가 완성되고 왕위가 자식에게로 전해지는 세습 군주제가 정착되면서 후계자의 1순위는 왕의 적장자(嫡長子)에게 돌아갔기 때문이다. 정실부인인 왕비에게서 태어난 적자가 최우선의 대상이 되고, 적자 중에서 맏이, 적자가 없다면 서자 중에서 맏이가 세자가 됐다. 적자나 맏이가 모두 없거나, 이들에게 중대한 하자가 있을 경우에만 왕자들 중 '어질고 현명한 사람[立賢]'이 후계자가 될 수 있었다.

적장자 승계가 굳어진 것은 장남이 집안의 대를 잇는다는 전통적인 종법(宗法)에 따른 것이지만, 그 방식이 가장 안전하기 때문이기도 하다. 후계자 선발을 경쟁 체제로 해 놓으면 왕자 간에 권력투쟁이 벌어질 소지가 크고 이는 왕권 약화로 이어진다. 따라서 적장자라는 절대적인 기준을 정함으로써 다른 왕자들은 처음부터 왕위에 대한 욕심을 단념하도록 한 것이다.

그러나 군주는 아무나 오를 수는 없는 자리이다. 부적합한 인물이 오로지 적장자라는 이유로 왕위를 잇게 되면 나라와 백성들은 언제 위태로운 상황에 빠질지 모른다. 왕의 잘못과 실수는 사소한 것도 국가의 안위와 직결되기 때문이다. 따라서 완벽하지는 못할지언정 상대적으로 최선이라고 할 수 있는 후계자가 왕위를 계승해야 한다.

적장자 승계를 하다 보면 이러한 기준을 충족하지 못할 가능성이 높다. 나라 안에서 인품과 능력이 탁월한 사람을 찾아내서 왕위를 맡긴다는 요순시대의 이상은 접어 두더라도, 왕자들 중에서 적장자보다 뛰어난 자질을 가진 왕자는 얼마든지 존재할 수 있기 때문이다.

태종의 결단은 그래서 주목된다. 태종은 즉위한 지 4년 만인 1404년에, 당시 열 살이던 맏아들 양녕대군을 세자로 책봉했다. 자신이 적장자 승계 원칙을 무너뜨리고 왕위에 오른 만큼 후계는 적장자에게 물려주어 왕위 계승의 원칙을 안정시켜야겠다고 생각했을 것이다. 왕자들 간에 벌어질지도 모를 권력 다툼의 가능성을 싹부터 제거하겠다는 의지도 작용했으리라고 본다. 태종이 충녕대군의 뛰어난 학문 실력에 감탄하면서도 "너는 할 일이 없으니 편히 살며 즐기기나 해라."[168]라고 말한 데서 볼 수 있듯이 만아들에게 왕위를 전하겠다는 그의 결심은 확고해 보였다. 하지만 1418년 6월 3일, 태종은 15년간 세자의 자리에 있던 양녕을 전격적으로 폐위한다.

태종이 양녕대군을 폐세자한 직접적인 이유는 양녕의 부적절한 행동 때문이다. 양녕은 궁궐로 기생을 불러들였다가 태종이 그 기생을 가두자 식사를 거부했고[169] 기방에 가려고 몰래 궁궐 담을 넘다가 적발되기도 했다.[170] 세자가 교육을 받는 자리인 서연에는 갖은 핑계를 대고 빠졌으며[171] 마침내는 신하의 첩인 '어리'를 궁궐로 데리고 와서 간통까지 한다.[172]

태종이 크게 진노하자 양녕은 반성문을 썼다. "신(臣)의 우매한 성품에도 불구하고 적장자라 하여 세자로 책봉하신 지가 14년이 되었습니다." "신은 전하의 자애로움만 믿고, 종묘사직의 앞날을 염려하시는 전하의 마음은 생각하지 않았습니다. 나쁜 무리들과 어울리며 사사로운 욕망만을 좇고 법도를 어기며 예의를 무너뜨리는 잘못을 너무나 자주 범하였습니다."[173]

이 반성문은 세자가 아니라 세자의 스승 변계량이 대신 써준 것이었지만, 태종은 이를 알면서도 흡족해했다고 한다. 어떻게든 아들을 믿어 보고 싶었을 것이다. 하지만 이후에도 양녕대군의 행동은 달라지지 않았다. 어리와도 계속 만나다가 태종의 질책을 받자 '부왕도 여자 문제를 제대로 하지 못하면서 왜 자신만 탓하는가'라는 내용의 항의문을 올렸다. "어리 한 사람을 금지하다가는 잃는 것이 많을 것이요, 얻는 것은 적을 것입니다."라고 대들기도 한다. 양녕대군의 이러한 행동들이 태종으로 하여금 중대 결심을 내리도록 했을 것이다.[174]

더욱이 양녕의 성향은 새 시대가 요구하는 지도자상에 부합하지 않았다. 양녕은 탁월한 서예 실력 등 뛰어난 재능을 가지고 있었지만 학문에 관심이 없고 무인 기질이 강했다. 실록을 보면 양녕대군의 성품은 당직(戇直)하다고 표현되어 있는데[175] 이는 저돌적이고 직설적이며 외골수인 사람을 표현할 때 사용하는 단어이다. 태종은 양녕대군의 성격이 창업의 시대가 끝나고 수성(守成)의 시대를 맞이해야 하는 조선의 앞날에 어울리지 않다고 판단했을 것이다.

태종은 "나라에 훌륭한 임금이 있어야 사직에 복이 된다."[176]라며 적장자인 양녕대군을 폐위하고 셋째 아들인 충녕대군을 세자로 책봉했다. 태종에 따르면 충녕대군은 "총명하고 민첩하며 학문을 좋아"하고 "정치의 요체를 알아서 중대사를 처리할 때 내놓는 의견들이 모두 옳고 훌륭했으며, 다른 사람들이 생각하지 못했던 놀라운 것들이었다." "중국 사신을 접대할 때는 몸가짐과 언어, 행동이 모두 예에 부합하였다."[177] 학문에 뛰어나고 정무의 핵심을 파악하는 능력이 있으며 창의적인 사고력을 갖춘 데다 외교 업무에도 뛰어나다는 것이다.

무릇 후계자를 선택할 때는 현재의 상황만이 아니라 앞으로 요구될 과제와 변화할 대내외 환경까지 미리 염두에 두어야 한다. 그래야 공동체의 미래를 담보하고 지속 가능성을 높일 수 있다. 공동체의 오늘뿐 아니라 내일에 적합한 사람을 뽑아야 하는 것이다. 충녕은 창업 직후 아직 채 정돈이 되지 않은 국가 질서를 안정시키고, 정치와 제도의 기틀을 확립할 적임자였다.

태종이 요임금이나 순임금처럼 혈연의 틀을 초월해 후계자를 정한 것은 아니다. 그러나 태종은 자신이 선택할 수 있는 한에서 조선의 미래를 가장 잘 이끌어 갈 수 있는 후계자를 골랐다. 가장 임금다울 수 있는 후계자를 선택함으로써 태종은 '세종대왕을 만든 사람'이라는 명예를 얻었다.

31 현장 교육과 실무 위임으로
   준비된 리더를 만든다

요임금은 순을 후계자로 염두에 두고 20년 동안 시험했다고 한다. 두 딸을 순에게 시집보내 일상생활에서 어떻게 말하고 행동하는지 관찰했고, 전국을 시찰하고 백성들을 교화하는 임무를 내려 결과가 어떤지 살폈다. 시련과 고난의 상황을 주어 어떻게 위기를 돌파하는지도 확인했다. 그러고 나서 자신이 죽을 때까지 8년간 모든 정치를 총괄하게 한다.[179] 순은 20년에 걸친 테스트, 8년의 업무 위임 실습을 거친 뒤에야 왕이 된 것이다.

아무리 훌륭한 덕과 자질을 갖춘 후계자라도 국정에 대해 전혀 경험이 없는 상태에서 왕위를 감당해 내는 것은 매우 어려운 일이다. 왕은 즉위한 첫날부터 국가를 책임져야 한다. 일단 왕위에 오른 다음부터는 준비할 시간도, 시행착오도 허용되지 않는다. 왕위에 오를 때부터 '준비된 왕'이어야 하는 것이다.

실록을 보면 국정 현안들을 놓고 왕과 세자가 질의응답을 주고받는 장면이 자주 등장한다. 왕들은 정무를 볼 때 세자를 배석시켜 신하들을 파악하고 국정이 어떻게 돌아가는지 배울 수 있는 기회를 마련해 주었다. 또 조정 회의가 끝나고 그날 논의된 안건들에 대해 보충 설명을 해 주며 세자가 국정에 대한 안목을 넓힐 수 있도록 도와주었다. 이를 통해 세자는 인사를 어떻게 해야 하는지부터 신하들을 어떻게 관리하는지, 군대를 어떻게 통솔하고 법과 제도를 어떻게 운용해야 하는지를 배우게 된다. 왕의 생생한 경험을 전달받으며 책이 아닌 현장에서 제왕학 공부를 하게 되는 것이다.

이보다 한 걸음 더 나아가 세자에게 대리청정(代理聽政)을 맡긴 왕들도 있었다. 대리청정이란 임금이 노쇠하거나 병이 들어서 국정을 처리하기 힘들 때 국가의 중대사를 제외한 일상적인 업무를 세자가 대신 담당하도록 하여 임금의 부담을 줄여 주는 일종의 섭정 제도이다. 왕들은 이 제도를 후계자에게 업무를 위임하여 실무 훈련을 시키는 기회로 활용했다.

특히 세종은 세자에게 체계적으로 업무를 위임하여 역량을 단련할 수 있는 기회를 부여했다. 세종은 "세자는 왕위를 잇고 법통을 계승할 사람으로서 장차 이 나라를 책임져야 한다. 지금 나이가 스물이 넘었고 경전과 역사서를 두루 보았으며 의지와 기개가 왕성하여 능력이 넘쳐흐른다. 그러므로 서무를 맡겨서 직접 처리하게 할 것이다."라며 세자인 문종에게 외교, 국방, 인사, 형벌을 제외한 일반 정무를 모두 위임했다.[180] 권력의 분산이 가져올 혼란을 우려한 신하들이 반대하자 "대위(왕위)는 머지않아 반드시 세자에게로 갈 것이니, 정무를 살피고 판단하는 일들을 일찍부터 아는 것이 마땅하지 않겠는가. 세자가 지금껏 정사를 보는 데 참여하였지만, 자신이 직접 책임을 지고 맡아서 해 보는 것과 어찌 같을 수가 있겠는가."라고 반박한다.[181] 단순히 참관하는 것만으로는 부족하다. 후계자가 직접 업무를 맡아 처리하는 경험을 해 봐야 나중에 왕이 되었을 때 시행착오를 줄이고 정치를 잘해 나갈 수 있으리라는 것이다.

　　세종은 첨사원(詹事院)이라는 공식 기구를 설립하여 세자를 보좌하게 했으며 왕이 주관하는 군사훈련도 세자에게 맡겼다. 또한 세자가 임금처럼 남쪽을 바라보고 앉도록 하고, 문무백관들도 세자에게 신하로서 복종하라고 명령을 내렸다. 세자를 왕과 동격의 수준으로 격상한 것이다. 이처럼 권력 위임이 가속화되자 신하들이 다시 들고일어났다. 그러나 세종은 "지금 나의 병세를 보건대 쉽게 낫지 않을 것 같다. 그래서 휴가를 얻어 정신을 쉬게 하고 병을 치료하고 싶은 것이 나의 진심이다. 그대들은 내가 계속 병을 참아 가며 정무를 보다가 병세가 더 심해지길 바라는 것인가?"라며 물러서지 않는다.[182]

세종이 후계자에 대한 위임을 중요시한 것은 자신의 경험 때문으로 생각된다. 태종은 세종을 세자로 책봉한 지 두 달 만에 전격적으로 양위하고 상왕으로 물러났다. 표면적으로는 "18년간 호랑이 등을 탔으니 이제는 쉬고 싶다."라고 말했지만, 자신이 계속 관장하겠다고 밝힌 군사권뿐 아니라 국가의 중대사들에도 계속 큰 영향력을 행사했다.

세종은 즉위 후부터 태종이 죽기 전까지 4년간 국가원수 역할을 하지 못하고 '인턴 왕'에 머물렀는데, 이는 태종의 치밀한 안배를 따른 것이다. 세종은 오랜 시간 일반 왕자의 신분으로 있었기 때문에 세자 교육, 즉 제왕학 교육을 받은 적이 없었다. 그런데 태종 자신은 이미 노쇠해 있어서 만약 자기가 갑자기 죽기라도 하면 세종이 제대로 국정을 운영할 수 있을지 걱정스러웠다. 그래서 세자로서 교육을 받고 국정을 배우게 하기보다는 아예 바로 임금으로 즉위시켜서 보다 강한 실무 교육을 시키려 한 것이다.

세종은 아버지 태종의 조언과 격려 속에서 착실히 국정을 배웠다. 아버지의 손에 장인이 죽임을 당하는 권력의 비정함을 맛 보았으며 즉위한 지 1년 만에 대규모 정벌 전쟁을 치르고 계속되는 재해와 흉년으로 동분서주하는 등 정신없이 시간을 보냈지만, 태종의 지도가 있었기 때문에 방향을 잘 잡아 갈 수 있었다. 국정에 대한 자신감도 갖게 되었다. 세종이 문종에게 적극적으로 업무를 위임하고자 했던 것도 이러한 실무 교육의 장점을 직접 체험해 봤기 때문으로 생각된다.

업무 위임을 통해 후계자를 단련시킨 왕은 태종이나 세종뿐만이 아니었다. 병치레가 잦았던 세조는 세자가 어렸을 적부터 정무를 가르치고 일부 업무는 직접 맡아 처리하도록 했으며, 숙종은 경종에게, 영조는 사도세자와 정조에게 대리청정의 기회를 부여했다. 특히 영조는 아들에 대한 제왕학 교육이 비극으로 끝나자 왕세손인 정조에게 심혈을 기울였다. 대리청정을 실시하는 문제를 놓고 정조를 반대하는 정파에서 강력하게 반대했지만, 대리청정이 안 된다면 차라리 양위를 하겠다고 고집하여 뜻을 관철했다.[183] 이 밖에 순조도 효명세자에게 대리청정을 하도록 했는데, 효명세자는 인사와 형벌 같은 중요 업무까지도 모두 관장하며 많은 치적을 남겼다.

후임 리더의 가장 좋은 스승이 되어 줄 수 있는 사람은 다름 아닌 전임 리더이다. 리더로서 고려해야 할 점들, 리더가 마주하게 될 결단의 순간과 겪게 될 고독한 고뇌를 온전히 알려 주는 일은 그 자리를 먼저 겪어 본 사람만이 가능하기 때문이다. 후계자에게 실제 업무를 위임하고, 그 잘잘못을 직접 챙기고 조언해 주는 것은 그래서 더욱 중요하다.

32 자질이 부족한 후계자를
방치하지 않는다

중국 청나라에서는 황제가 후계자를 정하면 그 이름을 직접 적어 밀봉했다가, 황제가 죽은 다음 황자와 대신들이 모두 모여 밀봉함을 열고 후계자를 확인했다고 한다. 이렇게 하면 누가 후계자가 될지 모르기 때문에 황자들은 마지막 순간까지 행동거지를 조심하며 최선을 다해 역량을 겨루게 된다. 황제 역시 상황변화에 따라 쉽게 후계자를 교체할 수 있다. 후계자의 이름을 적은 종이만 바꾸면 되기 때문이다.

이 방식 역시 완전한 것은 아니다. 표면적인 권력투쟁은 줄어들지만 황위를 둘러싼 암투와 모략 등 물밑 경쟁은 더욱 심화될 우려가 있고, 실제로도 그랬다. 다만, 후계자를 최종 선택할 때까지 후보군을 계속 저울질하기 용이하다는 장점이 있었다.

앞 장에서도 말했듯이 조선왕조에서는 적장자 승계가 원칙이었다. 다른 왕자들에게 실력이 미치지 못하는 적장자도 후계자로 삼아야 했다. 그렇기 때문에 처음 세자로 선택할 당시에는 최고의 후계자가 아닐지라도, 왕위를 계승할 때에는 최고가 되도록 세자를 단련시켜야 하는 책임이 왕에게 주어졌다.

그런데 끝내 적장자가 왕위를 감당할 만한 후계자가 되지 못한다면 어떻게 해야 할까. 어리석은 리더는 조직을 파멸로 이끄는 법이다. 더욱이 왕이 미치는 파급효과는 비교할 수 없을 정도로 크다. 문제의 소지가 있거나 수준이 미달한 왕위 계승자는 국가와 구성원들을 위험에 빠트릴 수 있으므로, 어떤 부담이 있더라도 후계자 교체를 단행하는 것이 옳다.

세자를 폐위하는 것은 임금에게 큰 정치적 부담으로 작용한다. 후계자를 잘못 선택하고 제대로 육성하지 못한 자신의 과오를 인정하는 것일 뿐 아니라, 새로운 세자에게 다시 후계자 교육을 해야 하는 과제가 주어진다. 폐세자를 지지하는 신하와 새로운 세자를 따르는 신하들 간에 얽히고설킨 관계도 원만하게 조율하여 정국을 안정시켜야 한다. 그래서 세자를 탐탁지 않게 생각한 왕들도 막상 폐세자를 행동으로 옮긴 경우는 거의 없었다.

왕자의 난과 중종반정, 인조반정 등 정변으로 폐위된 세자들을 제외하면 조선에서 폐세자를 단행한 사람은 두 사람뿐이다. 태종과 영조, 두 임금만이 직접 자신의 아들을 세자 자리에서 끌어내렸다.

특히 영조는 직접 아들의 목숨을 거두는 유례없는 비극을 연출하며 폐세자를 단행한다. 이때 실록의 기록을 보면 "임금이 창덕궁에 나아가 세자를 폐하여 서인(庶人)으로 삼고, 안에다 가두었다. 일찍이 효장세자가 죽은 후 임금에게는 오랫동안 후사가 없었는데 마침내 세자가 탄생하였다. 타고난 자질이 탁월하여 임금이 매우 사랑하였지만, 10세를 넘어선 이후부터 점차 학문을 태만히 하였고, 대리청정을 맡은 이후에는 질병까지 생겨 본래의 성품을 잃어버렸다. 처음에는 그 증세가 심하지 않았기 때문에 사람들이 모두 어서 낫기를 바랐지만, 정축년, 무인년 이후로 병의 증세가 더욱 심각해졌다. 병이 발작하여 궁녀와 내관들을 죽이고 이내 후회하곤 하니, 임금이 매번 엄한 하교로 간절하게 책망하였으나 세자는 의구심에 병이 더 악화되었다. 임금이 경희궁으로 거처를 옮기자 왕과 세자가 있는 두 궁 간의 소통은 더욱 막히게 되었고, (세자가) 환관, 기녀들과 방종하게 노닐면서 하루 세 차례 임금에 대해 문안드리는 일마저 폐지하니 이는 임금의 뜻을 거스르는 일이었으나 다른 후사가 없었으므로 임금은 나라의 앞날이 어찌 될

지 매양 근심하였다."라고 되어 있다.[178]

어릴 적 총명했던 사도세자가 총명을 잃은 데에는 영조의 책임도 크다. 영조는 세자의 생활과 교육과정 등 일거수일투족에 일일이 간섭했고 조금만 잘못해도 추상같은 불호령을 내렸다. 세자는 그런 엄격함에 숨이 막혔을 것이다. 또한 노론과 소론 간에 벌어졌던 치열한 권력투쟁과 자신의 왕권에 대해서는 아주 작은 도전도 용납하지 않았던 영조의 비정함이 사도세자의 정신을 점점 막다른 골목으로 내몰았을 것으로 생각된다.

하지만 광증을 보이는 세자가 보위를 잇도록 그대로 놔둘 수는 없는 일이다. 아버지가 아들을 뒤주에 가둬 죽이는 참혹함은 결코 납득될 수 있는 것이 아니지만, 국가의 앞날을 위해 영민한 자질과 품성을 갖춘 세손에게 왕위를 전하겠다는 영조의 뜻만큼은 옳은 것이었다. 사도세자가 살아 있을 경우 '세자를 지낸 살아 있는 친아버지'가 새 왕에게 커다란 정치적 부담이 될 것도 분명했다.

군주가 단순히 왕실의 대를 이어 가는 존재에 불과하다면 후계자가 누가 되든 크게 문제가 되지 않는다. 그러나 군주는 국가의 리더로서 구성원들을 지키고 보호하며 나라를 발전시켜 나가야 할 책임이 있다. 후계자가 왕위를 감당할 만한 그릇이 되지 못한다면, 그때는 단호하게 교체해야 하는 것이다. 교체하지 않고 그대로 둘 경우 그 피해는 고스란히 국가와 백성들에게 돌아간다.

과감히 세자를 교체한 태종과 영조의 결정은 그래서 주목할 만하다. 영조의 경우 결단의 과정이 부자간의 비극으로 얼룩졌지만, 자신이 할 수 있는 선에서 최선의 후계자를 골라 낸 것임에는 분명하다. 두 임금의 결단 덕분에 조선은 세종과 정조라는 위대한 군주들을 만날 수 있게 되었다.

33 후계자에게 짐이 될 일은 미리 제거한다

"나는 난세를 살았지만 너는 태평한 시대를 만났다. 무릇 일은 세상의 변화를 따라야 한다. 만약 네가 나의 행적에 구애되어 변통하지 못한다면 이는 둥그런 구멍에 모가 난 자루를 끼우는 것과 마찬가지이다."[184]

평소 세자의 제왕학 교육을 직접 챙기던 세조가 하루는 열 가지 항목에 이르는 훈시를 내렸다. 그중에서 가장 강조한 것은 자신에게 얽매이지 말라는 메시지였다.

리더의 자리에 오르자마자 곧바로 모든 상황을 장악하고 뜻을 펼치기란 어려운 일이다. 특히 전임 리더와 비교 대상이 되는 데서 오는 스트레스, 전임자가 정해 놓은 방침, 전임자의 인맥 등은 신임 리더에게 큰 제약으로 다가온다. 그래서 현명한 전임자는 후계자에게 자리를 물려주기 전에 이러한 부담 요인들을 미리 덜어 줌으로써 후계자가 편안하게 일을 할 수 있는 여건을 만들어 준다.

세조의 당부도 같은 맥락에서 이해할 수 있다. 본래 조선의 임금들은 선왕지제(先王之制)라 하여 선왕의 결정과 언행, 선왕이 만든 제도 등 선왕이 뜻이 반영된 모든 것의 제약을 받는다. 아버지의 결정을 아들이 함부로 바꿀 수 없다는 윤리적인 의미뿐 아니라, 선왕이 만든 제도는 불변의 원칙으로 반드시 따르고 계승해야 할 규범 역할을 했다. 그러나 시대 상황의 변화에 따라 선왕과는 다른 해석과 방식이 요구되는 경우가 얼마든지 있을 수 있다. 이때 선왕지제가 현 임금의 능동적인 대응을 가로막는 장애 요인이 될 수 있기 때문에 세조는 그 굴레에서 세자를 자유롭게 해 주고 싶었던 것이다.

그런데 이런 마음가짐과는 달리 세조는 오히려 세자의 부담을 늘려 주었다. 막강한 공신들로 가득한 조정을 물려준 것이다. 세조는 재위 기간 동안 수많은 훈봉 공신을 책봉하고 이들을 각별히 우대했는데[185] 공신 집단이 갖은 비리와 부패를 저질러도 묵인해 줌으로써 그 위세가 통제하기 힘든 지경에 이르렀다. 세조도 이러한 문제점을 인식하고 신진 세력을 중심으로 새로운 공신을 책봉하여 기존 공신들을 견제하려 했다. 하지만 공신으로 공신을 대체한다는 발상은 공신의 포화만 초래했고, 결국 예종 대에 이르러 '남이의 옥사'와 같은 권력투쟁이 벌어졌다.[186] 예종에 이어 성종 중반기까지 세조의 후손들은 상당 기간을 공신들의 기세에 위축되어 지내야 했다.

이에 비해 태종은 정반대의 면모를 보여 주었다. 그는 공신들을 무력화하고 처남 4형제와 세종의 장인인 심온을 제거하는 등 유래없는 외척 숙청을 단행했다. 공신과 외척들의 위세가 다음 임금이 정치를 펼쳐 가는 데 장애로 작동하지 않도록 정지(整地) 작업을 한 것이다. 숙청밖에 방법이 없었느냐에 대해서는 이론의 여지가 있겠지만, 어쨌든 세종은 덕분에 상대적으로 수월한 환경 속에서 왕권을 행사할 수 있었다.

공신보다 무게는 덜하지만 임금이 자신의 신하를 후계자에게 물려줄 때도 세심한 배려가 필요하다. 아무리 탁월하고 훌륭한 신하도 새 임금에게 '선왕의 신하'는 기본적으로 부담스러운 존재이다. 나이와 경륜이 임금보다 위일 뿐만 아니라, 아버지나 할아버지의 신하였으니 함부로 대할 수도 없는 노릇이다. 선왕의 신하들이 "부왕께서는 이러지 않으셨습니다.", "이것은 부왕의 뜻과 어긋납니다."라며 새 왕을 간섭하게 되면 왕으로서는 속수무책일 수밖에 없었다.

　중국의 인기 역사소설『강희대제』에는 이에 관한 흥미로운 장면이 나온다. 강희제는 죽기 얼마 전 아끼던 신하들을 전격적으로 해임하거나 직위를 강등했다. 감옥에 가두고 유배를 보내기도 했다. 당시 황자였던 옹정제가 의아해하자 그의 참모가 다음과 같이 설명한다. "나중에 새로운 군주가 즉위하면 과거에 뼈대가 굵어진 능신들이 원로를 자처하고 자칫 새로운 황제에게 심적인 부담을 안겨 줄 수 있기 때문에 지금 미리 '죄를 지어' 갇혀 있게 한 후에 새로운 군주로 하여금 풀어 주게 하여 평생 동안 우려먹고도 남을 인심을 미리 챙기게 하려는 계산이 깔려 있는 것입니다!"[187] 선왕의 신하들이 새 왕의 성은을 입도록 함으로써 이들을 통제할 수 있는 명분을 새 왕에게 쥐여 준 것이다.

　태종이 황희를 대한 방식도 유사했다. 태종은 자신이 아끼던 신하인 황희가 장차 세종을 도와 큰일을 해낼 것이라고 생각했지만, 황희는 세자 책봉을 끝까지 반대한 세종의 정적이었다. 그래서 일단 귀양을 보냈다가 세종으로 하여금 다시 등용하게 함으로써 황희에게 세종의 은혜를 입혔다. 죽임을 당해도 할 말이 없을 상황인데 오히려 용서를 해 주고 높은 관직까지 주었으니 황희의 충성이 자연히 세종에게 향하리라고 예상했을 것이다.

　태종은 이 밖에도 세종의 부담을 덜어 주기 위해 많은 노력을 했다. 세종을 세자로 책봉한 직후 그동안 유보되고 있었던 창덕궁 인정전(仁政殿) 공사를 빨리 끝내도록 지시한 것도 그 때문이다. "토목공사는 백성을 힘들게 하는 사업으로 백성들이 심히 고통스럽게 여긴다. 그럼에도 내가 인정전을 신속히 지으려는 까닭은, 백성을 부려서 고단하게 하는 책임은 모두 내가 감당하고, 세자가 즉위한 뒤에는 단 한 줌의 흙이나 단 한 그루의 나무가 필요한 역사(役事)라도 백성들에게 부과하지 않도록 하여 민심을 얻게 하려는 것이다."[188] 후계자가 백성들의 원망을 들을 수 있는 일은 아예 재임 중에 미리 끝마치겠다는 뜻을 밝힌 것이었다.

"천하의 모든 악명은 내가 짊어지고 갈 것이니 주상은 성군의 이름을 만세에 남기도록 하라."[189]라는 말에서 볼 수 있듯이, 태종은 이런 작업을 통해 후계자 세종을 성군으로 만들고자 했다.

후계자에게 전임자는 배우고 계승해야 할 대상이지만, 동시에 극복하고 넘어서야 할 존재이다. 전임자의 그늘에서 벗어나지 못하고 그 행적을 답습한다면 결코 전임자보다 나은 리더가 될 수 없다. 이는 국가나 조직을 위해서도 불행한 일이다. 물론 후계자가 전임자를 넘어서는 것은 기본적으로 후계자 자신에게 달린 문제이지만, 후계자의 역량이 막힘없이 발휘될 수 있는 분위기가 조성되면 더욱 뛰어난 성과를 이뤄 낼 수 있을 것이다. 바로 여기에 전임자의 역할이 있다. 후계자에게 부담이 될 수 있는 일들을

미리 정리해 주는 것, 자신의 그림자가 후계자의 발목을 붙잡지
않도록 해 주는 것, 그것이 진정한 리더의 마지막 임무이다.

에필로그

조선의 왕들이 현대의 리더에게
보내는 편지

경하(慶賀)의 인사를 보냅니다만 안쓰러운 마음도 듭니다. 그 자리가 갖는 책임의 무게를 누구보다 잘 알기 때문입니다. 무릇 리더란 권력을 누리기 위한 자리가 아닙니다. "백성들이 하고자 하는 바가 있는데, 그 이해관계가 부딪치고 얽히다 보면 어지러워지므로 하늘이 임금을 세워 그것을 조율하고 다스리게 한 것"일 따름이지요.[190] 그러므로 리더로서 해야 할 일은 오직 몸과 마음을 다하여 "백성들이 각자의 '삶을 살아가는 즐거움〔生生之樂〕'을 누리고, 완수할 수 있도록 돕는 데"에 있을 뿐입니다.[191] 이것을 반드시 명심하시기 바랍니다.

"『서경』에 이르기를 '백성은 나라의 근본이니 근본이 굳건해야 나라가 평안하다.'라고 하였습니다. 나라의 근본인 백성을 굳건하게 하려면 어떻게 해야 하겠습니까? 백성을 사랑하고, 백성의 말에 귀 기울여야 합니다. 그리고 근검절약을 해야 합니다. 내 눈앞에 보이는 모든 물건이 백성의 고혈에서 나온 것이기 때문입니다."[192] 그런데 이토록 당연한 사실을 잊어버리는 분들이 많은 것 같습니다. 백성들이 낸 세금을 자신의 돈인 것처럼 마음껏 쓰고, 백성들 위에서 군림하겠다며 분수를 넘어서는 행동을 하곤 합니다. 이것은 옳지 않습니다. 백성이 낸 세금으로 월급을 받는 사람에게 청렴은 미덕이 아니라 의무입니다.

아울러 리더는 모든 일에 앞장서 모범을 보여야 합니다. "임금이 먼저 덕을 보여야 백성들이 보고 느껴 덕을 쌓기 위해 노력하는 법입니다. 임금이 몸소 실천하지 않으면서 한갓 법으로 백성들을 규제하려 든다면 무수한 폐단이 생겨날 것입니다."[193] 공은 양보하고 책임은 떠안는 태도도 중요합니다. 일을 성공시켜 "백성에게 혜택을 줄 수 있게 되었다면 그 공은 신하들과 함께 나누고", 실패하여 "백성들로부터 원망을 듣게 된다면 그 책임은 혼자 짊어지는" 자세가 필요한 것입니다.[194]

정치를 펼쳐 갈 때는 무엇보다 억울한 일을 당하는 사람들이 없도록 주의하십시오. "말세란 다른 것이 아닙니다. 공정함이 사사로움을 이기지 못하는 것입니다. 강자는 이치가 바르지 못해도 이기는 자가 많고 약자는 이치가 곧고 바르면서도 지는 자가 많아서 억울함을 품은 백성들이 많아지는 것, 그것이 말세입니다."[195] 이러한 사람이 단 한 명이라도 생겨나지 않도록 리더는 부단한 노력을 기울이지 않으면 안 됩니다.

그러기 위하여 항상 스스로에게 엄격하십시오. 천재지변조차도 괜히 생겨나는 것이 아니라고 생각하셔야 합니다. 천재지변은 "군주가 부덕하여 위로는 하늘의 뜻에 부응하지 못하고 아래로는 백성들을 보듬어 보호하지 못하기 때문에 하늘이 경고하는 것입니다. 자신을 돌이켜 반성하면서 두렵고 근심스러운 마음을 언제나 잊어서는 안 됩니다."[196] 중요한 것은 백성을 위한 마음가짐이고, 늘 반성하겠다는 자세입니다. 자연이 일으키는 일에까지 무한한 책임을 지겠다는 마음이 있어야, 그래야 올바른 방향으로 나아갈 수 있습니다.

스스로를 반성할 때 다음의 여덟 가지 질문을 가지고 자문해 보기를 부탁드립니다. "자신을 수양하는 일을 제대로 하지 못한 것은 없는가. 마음을 비우고 포용하는 일에 있어 부족한 점은 없는가. 스스로를 높이기 위해 사치한 바는 없는가. 신하를 대하는 도리에 있어서 성실하지 못한 점은 없는가. 어진 인재가 재야에 있는데도 찾아내 등용하지 못하고 있지는 않은가. 곤궁한 사람이 억울한 일을 당했는데 임금에게 알리지 못하지는 않는가. 조정의 기강이 화평하지 못하여 천기를 손상하고 있지는 않은가. 공정한 논의는 가려지고 사사로운 뜻만이 멋대로 행해지고 있지는 않은가."[197]

리더는 또한 포용할 줄 알아야 합니다. "상대를 존중하고 포용해야 광명정대한 사업을 이룩할 수 있고, 변함없는 정치로 안정을 유지하여 영원토록 이어질 태평의 기반을 다질 수 있습니다."[198] 훌륭한 인재를 등용하는 일도 게을리하지 말기 바랍니다. 흔히 인재가 없다고들 한탄을 하던데, "옛날 새 왕조를 창업한 임금들은 모두 망해 가는 나라의 인재들을 등용하여 성공에 이르렀습니다. 그러니 어느 시대인들 인재가 없다 하겠습니까? 다만 인재를 알아보지 못하여 쓰지 못하는 것뿐입니다."[199] "만약 진실로 현명한 인재를 얻어 등용하였다면 임금은 하는 일 없이 누워만 있어도 괜찮지만, 현명한 인재는 미관말직을 전전하는데도 모자란 소인을 높은 자리에 등용했다면 이는 임금이 나라를 망쳤다고 해도 틀린 말은 아닐 것입니다. 상황이 이러하니 현명한 인재를 구하는 일에 있어 어찌 조금이라도 게으름을 부리겠습니까." 현명하고 어진 인재들을 찾아내려 힘씀과 동시에 "다른 사람을 대할 때 말재주만 부려 속이려는 마음을 품고 있거나, 화내고 원망하기를 좋아하고 남의 허물을 들추어내는 일을 정직하다고 여기거나, 아첨하며 권세에 아부하고 작은 성과에 안주하여 시간을 지연시키거나, 하루 종일 하는 일 없이 게으름을 피우고 어둡고 지혜가 없어 사리 분별을 하지 못하는 무리들은 스스로를 포기한 자들이므로 과감히 물리치십시오."[200] "임금에게 아첨하고 임금의 뜻에 영합하기만 하려는 자들을 그냥 두면 그 폐단은 실로 말로 다하기가 어렵습니다."[201] 이들 역시 단호하게 배척해야 합니다.

그리하여 리더는 늘 준비하는 자세를 갖추고 있어야 합니다. "천하의 일들은 그 변화가 무궁합니다. 비록 어떤 일이 닥칠지 미리미리 예측하여 강구할 수는 없다 하여도, 일이 없을 때에도 언제나 일이 있을 때처럼 대비하고 생각한다면, 실제로 일이 닥쳤을 때 저절로 힘이 생겨 어수선한 지경에 빠져들지 않을 것입니다."[202]

리더로서 "마주하게 되는 고난과 시련을 두려워하지 마십시오. 당당히 맞서야 마음이 강해지고 끈기가 생겨나 이전에 하지 못했던 일들을 해낼 수가 있습니다. 이를 위해 오늘 한 가지 일을 처리하고 내일 또 하나를 처리하고 그렇게 점점 순서를 밟아 나가면서, 준비했던 과정, 처리한 결과들을 잊지 말고 늘 머릿속에 담아 두십시오."[203]

끝으로 절대 자만하지 마십시오. "일정한 수준을 채운 후에도 만족하지 않고 나태하지 않는 마음을 갖추어, 백척간두에 올라서 다시 또 한 걸음을 내딛어 나아가고, 태산의 정상 위에 올라 다시 또 다른 태산을 찾아 올라야 합니다. 부지런히 노력하기를 죽은 후에야 비로소 그만두겠다고 다짐해야 할 것입니다."[204] 앞으로 그대의 건승을 빕니다.

주(註)

1 「세종」, 『국조보감(國朝寶鑑)』.

2 「대학장구서(大學章句序)」, 『대학(大學)』.

3 『태조실록』 1년 11월 14일.

4 『성학집요(聖學輯要)』.

5 『인종실록』 1년 4월 2일.

6 『성학집요』.

7 「군서표기(羣書標記)」, 『홍재전서(弘齋全書)』.

8 『정종실록』 2년 12월 22일.

9 『세종실록』 9년 6월 14일.

10 「영조」, 『국조보감』.

11 『단종실록』 1년 7월 7일.

12 『연산군일기』 2년 6월 21일.

13 『연산군일기』 3년 4월 10일.

14 「자한(子罕)」, 『논어(論語)』.

15 『중종실록』 3년 7월 20일.

16 『명종실록』 4년 12월 3일.

17 「경사강의(經史講義)」, 『홍재전서』.

18 『세종실록』 5년 12월 29일.

19 『태종실록』 4년 2월 8일.

20 『세종실록』 18년 10월 26일.

21 『현종실록』 8년 1월 30일.

22 『태조실록』 7년 6월 12일.

23 『연산군일기』 4년 7월 14일.

24 『연산군일기』 12년 8월 14일.

25 「답진동보(答陳同甫)」, 『주문공문집(朱文公文集)』.

26 「답주원회비서(答朱元晦秘書)」, 『용천집(龍川集)』.

27 「양혜왕(梁惠王)」 상, 『맹자(孟子)』.

28 「요왈(堯曰)」, 『논어』.

29 「총서」 84, 『태조실록』.

30 표면적으로는 우왕이 주도한 것으로 되어 있지만, 우왕은 총사령관인 최영을 정벌군
   에 참여하지 못하게 하였으며 출정 당일에도 술에 잔뜩 취해 출정식에 참여하지 않는
   등 전쟁에 대한 의지가 없었다. 우왕은 정벌군 편성을 통해 왕권을 위협하던 군벌 세
   력의 힘을 약화하고, 자신에게 우호적이지 않았던 친명파 세력을 억제하는 것에만 신
   경을 썼던 것으로 보인다.

31 「총서」 83, 『태조실록』.

32 「총서」 84, 『태조실록』.

33 「총서」 85, 『태조실록』.

34 『인조실록』 14년 2월 16일.

35 『인조실록』 14년 2월 21일.

36 『인조실록』 14년 3월 1일.

37 『인조실록』 14년 5월 26일.

38 『인조실록』 14년 6월 17일.

39 『인조실록』 14년 8월 2일.

40 『인조실록』 14년 9월 5일.

41 『인조실록』 14년 11월 12일.

42 『인조실록』 14년 11월 15일.

43 『인조실록』 14년 12월 8일.

44 『성종실록』 10년 윤10월 29일.

45 『성종실록』 10년 11월 11일.

46 『성종실록』 10년 11월 19일.

47 『성종실록』 10년 12월 24일.

48 『광해군일기』 10년 윤4월 24일.

49 『광해군일기』 10년 5월 1일.

50 『광해군일기』 15년 3월 14일.

51 『숙종실록』 24년 4월 29일.

52 『숙종실록』 22년 1월 1일.

53 『숙종실록』 23년 4월 22일.

54 『숙종실록』 24년 1월 8일.

55 『숙종실록』 24년 12월 8일.

56 『현종개수실록』 12년 6월 1일.

57 『현종개수실록』 12년 8월 8일.

58 『숙종실록』 24년 4월 29일.

59 『숙종실록』 24년 5월 1일.

60 『태종실록』 1년 1월 14일.

61 『태종실록』 1년 11월 7일.

62 『인조실록』 24년 3월 19일.

63 『숙종실록』 44년 5월 19일.

64 『숙종실록』 44년 4월 8일.

65 『숙종실록』 7년 7월 23일.

66 『숙종실록』 7년 6월 14일.

67 『숙종실록』 7년 8월 25일.

68 『숙종실록』 7년 9월 14일.

69 『숙종실록』 6년 7월 27일.

70 『숙종실록』 24년 10월 24일.

71 『숙종실록』 17년 12월 6일.

72 『숙종실록』 33년 9월 20일.

73 『설원(說苑)』.

74 『공자가어(孔子家語)』.

75 『세종실록』 5년 11월 25일.

76 「책(策)」, 『사숙재집(私淑齋集)』.

77 「공야장(公冶長)」, 『논어』.

78 『순자(荀子)』.

79 「일득록(日得錄)」, 『홍재전서』.

80 「고식(故寔)」, 『홍재전서』.

81 「일득록」, 『홍재전서』.

82 『문종실록』 즉위년 9월 28일.

83 『문종실록』 즉위년 11월 8일.

84 「책문(策問)」, 『홍재전서』.

85 『인조실록』 3년 11월 13일.

86 『고종실록』 19년 7월 22일.

87 「책문」, 『홍재전서』.

88 『중종실록』 14년 12월 16일.

89 『중종실록』 14년 11월 16일.

90 『중종실록』 14년 12월 16일.

91 『선조실록』 5년 7월 7일.

92 이것은 구양수(歐陽脩)의 '붕당론(朋黨論)'에 입각한 사고방식으로, 눈앞의 이익만을 탐하는 소인들은 결코 '붕(朋)'을 만들 수 없고 도의와 믿음, 명예와 지조를 지키는 군자들만이 진정한 '붕'을 만들 수 있다고 본다.

93 『선조수정실록』 5년 7월 1일.

94 『선조수정실록』 8년 7월 1일.

95 성균관대학교 동아시아 학술원, 『정조어찰첩』 6첩(성균관대학교출판부, 2009).

96 『명종실록』 10년 11월 19일.

97 『세종실록』 15년 7월 27일.

98 「장차휘편서(章箚彙編序)」, 『홍재전서』.

99 『세종실록』 20년 4월 14일.

100 『세종실록』 22년 3월 18일.

101 「고식」, 『홍재전서』.

102 『세종실록』 15년 10월 23일.

103 『세종실록』 14년 11월 7일.

104 『세종실록』 14년 11월 3일.

105 위의 글.

106 『세종실록』 21년 12월 28일.

107 「이루(離婁)」 상, 『맹자』.

108 「공손추(公孫丑)」 상, 『맹자』.

109 『정조실록』 20년 8월 10일.

110 『정조실록』 12년 1월 23일.

111 「항괘(恒卦)」, 『주역전의(周易傳義)』.

112 『영조실록』 6년 12월 19일.

113 『속대전(續大典)』 「어제서문(御製序文)」.

114 『영조실록』 4년 9월 5일.

115 『영조실록』 20년 10월 11일.

116 『정조실록』 5년 1월 15일.

117 『승정원일기(承政院日記)』 영조 즉위년 10월 8일.

118 『승정원일기』 영조 17년 9월 19일.

119 『정조실록』 12년 1월 8일.

120 『일성록(日省錄)』 정조 10년 3월 24일.

121 『일성록』 정조 6년 8월 10일.

122 『정조실록』 15년 1월 25일.

123 『정조실록』 17년 3월 10일.

124 『정조실록』 19년 2월 10일.

125 『신독재유고(愼獨齋遺稿)』.

126 『효종실록』 4년 6월 10일.

127 『효종실록』 4년 6월 20일.

128 『잠곡유고(潛谷遺稿)』.

129 『효종실록』 즉위년 11월 5일.

130 『승정원일기』 효종 7년 7월 11일, 효종 7년 7월 27일.

131 『승정원일기』 효종 8년 9월 20일.

132 「호서대동절목서(湖西大同節目序)」, 『잠곡유고』.

133 『효종실록』 10년 2월 13일.

134 『세종실록』 9년 3월 16일.

135 『세종실록』 12년 3월 5일.

136 위의 글.

137 『세종실록』 12년 7월 5일.

138 『세종실록』 18년 2월 23일.

139 『세종실록』 19년 7월 9일.

140 『세종실록』 26년 11월 13일.

141 『세종실록』 1년 5월 14일.

142 『세종실록』 10년 9월 27일.

143 『세종실록』 16년 4월 27일.

144 『세종실록』 14년 11월 7일.

145 『동국정운(東國正韻)』.

146 『세종실록』 26년 2월 20일.

147 『영조실록』 26년 7월 2일.

148 『영조실록』 26년 7월 3일.

149 『영조실록』 26년 8월 5일.

150 『영조실록』 26년 7월 3일.

151 『영조실록』 28년 6월 29일.

152 『세종실록』 14년 12월 10일.

153 『세종실록』 15년 1월 11일.

154 『세종실록』 15년 1월 13일.

155 『세종실록』 15년 1월 15일. 세종 때 개발된 로켓형 신무기인 '신기전(神機箭)'이 실
   전에 배치된 것은 세종 29년인 1447년 이후의 일이지만, 신기전 전 단계의 무기인 '주
   화(走火)'가 이 시기에 사용되었다.

156 『세종실록』 15년 2월 10일.

157 『세종실록』 15년 2월 28일.

158 『세종실록』 15년 5월 5일.

159 『세종실록』 15년 5월 3일.

160 『세종실록』 15년 5월 17일.

161 『세종실록』 15년 5월 22일.

162 『명종실록』 20년 9월 17일.

163 위의 글.

164 『명종실록』 21년 윤10월 15일.

165 야사인 『연려실기술(練藜室記述)』에서는 명종이 하성군(선조)을 후계자로 염두에 두고 있었다고 기술하고 있다. "선조는 어려서부터 아름다운 자질을 갖추었으며 용모가 맑고 수려하였다. 명종이 아들이 없었으므로 속으로는 이미 선조에게 마음을 두었다. (중략) 명종이 여러 왕손들을 궁중에서 가르칠 때 하루는 '너희들의 머리가 큰지 작은지를 알려고 한다.'라며 익선관(翼善冠)을 왕손들에게 차례로 써 보게 하였다. 이 때 선조의 나이가 제일 적었는데도 두 손으로 공손히 관을 받들어 임금 앞에 도로 가져다 놓고 머리를 숙여 사양하기를, '이것이 어찌 보통 사람이 쓸 수 있는 것이겠습니까.' 하였다. 이 모습을 본 명종이 심히 기특하게 여겨 왕위를 전해 줄 뜻을 정하였다."(「선조조고사본말(宣祖朝故事本末)」) 그러나 정사에서는 그런 기록을 찾아볼 수 없다. 만약 『연려실기술』이 사실이라면 이때 명종이 하성군을 지명했을 것이다.

166 선조 때의 학자 노수신의 문집인 『소재집(蘇齋集)』에는 이준경이 중전의 지시에 따라 "'덕흥군의 셋째 아들(하성군)로 하여금 대통을 계승하게 한다.'라고 적어서 명종에게 보이니 명종이 눈물을 글썽인 채 고개를 끄덕이고는 이내 승하하였다."라고 되어 있지만, 실록에는 명종이 하성군을 직접 승인했다는 기록은 나와 있지 않다.

167 「오제본기(五帝本紀)」, 『사기(史記)』.

168 『태종실록』 13년 12월 30일.

169 『태종실록』 10년 11월 3일.

170 『태종실록』 16년 9월 24일.

171 양녕대군은 몸이 아프다는 이유로 서연을 취소했으면서 활을 쏘러 나갔고(『태종실록』 17년 3월 23일) "주상께서 나의 잘못들로 인해 마음을 쓰시므로 죄송스럽고 두려워 어찌할 바를 모르다가 며칠 동안 밥을 먹지 못했는데, 지금에야 밥을 먹었더니 명치끝이 꽉 막힌 듯해서 서연에 나가지 못하겠다."라고 이유를 댄 적도 있다.(『태종실록』 18년 5월 14일)

172 『태종실록』 17년 2월 15일.

173 『태종실록』 17년 2월 22일.

174 이즈음 양녕대군과 충녕대군 사이에도 미묘한 긴장감이 감돌았다. '평소 충녕의 학문과 자질에 감탄했던 양녕이 충녕을 후계자로 삼지 못해 안타까워하는 부왕의 모습을 본 후 일부러 미친 척하여 충녕에게 세자의 자리를 양보한 것'이라는 미담이 전해

오기는 하지만 그것은 어디까지나 조선 후기에 기록된 야사일 따름이다.(이러한 이야기는 숙종 때, 양녕대군의 후손이 숙종의 명에 의해『양녕대군 행장』을 집필하면서 처음 등장한다. 이후『대동기문(大東奇聞)』등 야사에 주로 기록되어 있으며, 정사 기록에는 나와 있지 않다.) 물론 양녕, 효령(孝寧), 충녕 세 형제가 평생 동안 깊은 우애를 보인 것은 사실이다. 그러나 사이가 좋기만 한 것은 아니었다. 양녕과 충녕 사이에 나타났던 긴장과 갈등 사례를 보면, 양녕이 할머니인 신의왕후의 제사에 참여하고 나서 그 절에서 계속 머물며 바둑을 두고 노니, 충녕이 "소인배들과 노는 것도 옳지 않은데, 하물며 기일에 이래서야 되겠습니까?"라고 비판했고, 이에 양녕이 매우 기분 나빠 하며 "너는 관음전(觀音殿)에 가서 잠이나 자라."라고 했다고 한다.(『태종실록』16년 9월 19일) 양녕이 매제 이백강의 첩을 궁궐로 데리고 오려 하니 충녕이 "친척끼리 어찌 이리 하십니까?"라고 막았고,(『태종실록』16년 3월 20일) 옷차림에 신경을 쓰다가 충녕으로부터 "먼저 마음을 바로잡은 뒤에 용모를 닦으시기 바랍니다."라는 핀잔을 듣기도 했다.(『태종실록』16년 1월 9일) 충녕이 뛰어난 학문을 과시하여 부왕으로부터 "세자가 따라올 수 있는 바가 아니다."라는 칭찬을 받아 양녕이 언짢아한 적도 있으며(『태종실록』16년 2월 9일) 폐세자의 도화선이 된 어리 사건에서도 "양녕이 길에서 충녕대군을 만났는데 노여워하며 '어리의 일은 필시 네가 아뢰었을 것이다.'라고 하니 충녕대군이 대답하지 않았다."라고 기록되어 있다.(『태종실록』18년 5월 11일)

175『세조실록』8년 9월 7일.

176『태종실록』18년 6월 3일.

177 위의 글.

178『영조실록』38년 윤5월 13일.

179「오제본기」,『사기』.

180『세종실록』19년 3월 27일.

181『세종실록』19년 4월 1일.

182『세종실록』24년 6월 16일.

183『영조실록』51년 12월 7일.

184『세조실록』4년 10월 8일.

185 공신(功臣)에는 훈봉(勳封) 공신과 배향(配享) 공신이 있다. 배향 공신이란 임금이 죽은 후 위패를 종묘에 봉안할 때 신주를 함께 모시는 신하를 말하며, 훈봉 공신은 전란 등 특정 사건 때 공로를 세운 신하를 표창하는 것이다. 조선왕조를 통틀어 모두 스물여덟 차례의 훈봉 공신 책봉이 있었다. 세조는 세 번의 훈봉 공신을 선정했는데, 계유

정난(癸酉靖難)에서 공을 세운 '정난공신'(1454년 10월 15일), 단종 복위를 도모했던 사육신 사건을 처리하면서 책봉한 '좌익공신'(1455년 9월 5일), 이시애의 난을 평정한 유공자들인 '적개공신'(1467년 9월 20일)이 그것이다.

186 남이는 1467년 이시애의 난에 진압군 지휘부로 참전했고 이때 세운 무공으로 적개공신(敵愾功臣) 1등에 봉해졌다. 그리고 이듬해 중앙군 최고 지휘관인 오위도총관(五衛都摠管)과 병조판서에 임명될 정도로 세조의 총애를 받았다. 적개공신 책봉은 이시애의 난에 공을 세운 유공자들을 포상한다는 명목이었지만, 사실 정난, 좌익공신으로 강력한 세력을 구축한 한명회, 신숙주 등 기존의 공신 세력에 대해 세조가 취한 견제책의 일환이었다. 불과 스물일곱 살에 불과했던 귀성군을 이시애의 난 정벌군 총사령관으로 삼았고(종친에게 관직을, 더욱이 군권을 맡기지 않는 것은 관례였다.) 다음 해에 귀성군을 영의정에, 남이를 병조판서에 임명한 것도 그 때문이다. 젊은 신진들을 육성함으로써 구 공신 세력을 견제하고, 이들이 새로 왕이 된 예종의 친위 세력 역할을 수행하기를 바랐던 것이다. 그런데 세조 사후, 남이의 역모가 발생한다. 이때 남이가 실제로 역모를 꾀했는지 사실 여부는 명확하게 드러나지 않았다. 하지만 그 이면에는 적개공신 집단을 마음에 들어 하지 않았던 예종과 적개공신 세력을 누르고자 하는 구 공신 세력의 이해관계가 맞닿아 있었다.

187 이월하, 한미화 옮김, 『강희대제』 12(출판시대, 2001), 246쪽.

188 『태종실록』 18년 7월 5일.

189 이 대목이 사료에 나오지는 않는다. 사극 제작 과정에서 극작가가 창작한 것이 실제 태종의 어록처럼 잘못 전해지는 것으로 보인다. 다만 태종의 다른 언행들로 봤을 때 충분히 이와 유사한 생각을 했을 것이라고 판단된다.

190 『세종실록』 13년 6월 22일.

191 『세종실록』 26년 윤7월 25일.

192 「세조」, 『국조보감』.

193 「영조」, 『국조보감』.

194 『영조실록』 26년 7월 2일.

195 「숙종」, 『국조보감』.

196 「현종」, 『국조보감』.

197 「영조」, 『국조보감』.

198 「태종」, 『국조보감』.

199 「숙종」, 『국조보감』.

200 「문종」,『국조보감』.
201 「문조대리」,『국조보감』.
202 「정조」,『국조보감』.
203 「효종」,『국조보감』.
204 「추서춘기(鄒書春記)」,『홍재전서』.

김준태 1978년 서울에서 태어났다. 성균관대와 동 대학원에서 정치외교학과 한국
철학을 공부하고 성균관대 유교문화연구소를 거치며 열여섯 해 동안 한국의 정치사
상과 우리 역사 속 정치가들의 리더십과 철학을 공부했다. 특히 현실 정치에서 조선
시대를 이끌었던 군주와 재상들에 집중하여, 「정조의 정치사상 연구」, 「잠곡 김육의
실용적 경세사상 연구」, 「호정 하륜의 정치사상 연구」, 「현대 정책이론의 관점에서
본 조준의 경세론 연구」 등의 논문을 썼다. 조선 시대 왕들의 정치사상과 재상 및 관
료들의 경세론에 대한 연구를 바탕으로 한국 정치사상 전반을 통찰하는 작업을 완
수하는 것이 목표다.
트위터에서 세종(@SejongDaeWang)과 정조(@King_Jeongjo)의 가상 계정을 운영
하며 화제를 모으기도 했다. 저서로 트위터에 게재한 내용과 주간 《이코노미스트》에
연재한 역사 칼럼 「세종과 정조의 대화」을 보완하여 엮은 『왕의 경영』이 있다.

군주의 조건

1판 1쇄 찍음 2013년 6월 28일
1판 1쇄 펴냄 2013년 7월 5일

지은이   김준태
발행인   박근섭, 박상준
편집인   장은수
펴낸곳   (주)민음사

출판등록   1966. 5. 19. 제16-490호
주소   서울시 강남구 신사동 506 강남출판문화센터 5층 (135-887)
대표전화   515-2000 | 팩시밀리 515-2007
홈페이지   www.minumsa.com

ISBN 978-89-374-8785-9 (03320)